다산의 공부

다산의 공부

1판 1쇄 인쇄 2017년 9월 1일
1판 1쇄 발행 2017년 9월 8일

지은이 송석구·김장경
펴낸이 최준석

펴낸곳 한스컨텐츠㈜
주소 서울시 마포구 동교로 136, 401호
전화 070-5117-2318 팩스 02-2179-8103
출판신고번호 제313-2004-000096호 신고일자 2004년 4월 21일

ISBN 978-89-92008-71-6 03150

이 도서의 국립중앙도서관 출판예정도서목록(CIP)은 서지정보유통지원시스템 홈페이지(http://seoji.
nl.go.kr)와 국가자료공동목록시스템(http://www.nl.go.kr/kolisnet)에서 이용하실 수 있습니다.
(CIP제어번호 : CIP2017021842)

조선 최고의 학자 다산 정약용
공부의 도를 말하다

다산의 공부

송석구 · 김장경 지음

한스컨텐츠

다산의 공부는 지금 우리의 이야기다

다산의 공부는 다산이 직접 행한 공부법이자 다산에 대한 공부이기도 하다. 다산 한 사람의 학문에 담긴 유교와 성리학과 서학과 실학의 절묘한 조화는 놀라울 지경이니 현대 한국인의 정신에 대한 기원을 보는 듯하다. 만약 어떤 외국인이 21세기 한국 정신의 뿌리를 찾고자 한다면 단연 정약용 선생을 공부해보라고 하고 싶다. 이것은 반만 년 한국인의 정신을 말하는 것도 아니고, 좋고 나쁨의 가치 판단이 포함된 것은 아니다. 가장 현실적으로 대다수 현대 한국인의 정신과 문화에 가장 가까운 것을 찾고자 할 경우에, 가장 적합하다는 말이다.

200년 전 다산에 의해서 집대성된 철학은 그 방대한 양과 학자적 권위로 인해 우리나라에서 다양한 형태로 변용되었고, 현실에 응용되었다. 심지어 민간 사상이던 동학과 무속 등에서도 정약용의 강력한 영향을 읽을 수 있으니, 다산이 사용한 단어와 개념들을 곳곳에서 발견할 수 있기 때문이다.

과연 다산이 지금 한국인의 정신을 만들었는지, 한국인의 정신이 오랜 유전을 거친 끝에 다산이라는 훌륭한 학자를 만들었는지 선후는 정확히 모르겠으나, 다산이 시대를 앞서가며 한국 정신의 근간을 만드는 데 기여한 것은 부정할 수 없고, 무엇보다 중요한 것은 지금도 펄떡이며 생생하게 우리 곁에 살아 있다는 것이다.

유네스코가 2012년, 전 세계에 걸쳐 기념 인물 선정 작업을 실시해서 4명의 인물을 꼽았다. 바로 헤르만 헤세, 장 자크 루소, 클로드 드뷔시 그리고 한국의 자랑스러운 학자, 다산 정약용.

권위가 높다고 해서 절대적으로 옳다는 것은 전혀 아니다. 다산의 철학에서 지금도 우리를 숨 막히게 하는 철학의 뿌리를 살펴볼 수 있다. 혼자 있는 곳에서 누군가 지켜보고 있는 것 같은 느낌으로 자신을 규제해야 하는 조금은 답답한 삶의 태도, 상제와 군주와 목민관, 군자로 이어지는 수직적이고 관료적인 철학, 천주교를 연상시키는 절대자의 제시, 고요한 수양보다는 출세를 통해서 삶의 의미를 찾는 세속적인 태도, 이런 철학들은 지금의 기준으로도 옳고 그름의 가치 판단을 어렵게 만든다.

하지만 다산의 철학에 숨겨진 현대 미국을 움직이는 프래그머티즘 철학을 연상시키는 실사구시형 철학, 자기 극복에의 의지, 자유 의지의 강조, 동양 특유의 정신력과 집중력, 인간에 대한 끝없는 애정, 관념적이지 않은 실천적인 덕성, 서양 과학의 적극적 수용을 넘어선 첨단 기술 개발에 대한 의지 등은 현대에서도 여전히 유효하고 다시 한 번 오랫동안 곱

쉽게 만드는 감탄스러운 철학이다.

그것이 싫든 좋든 철저하게 우리가 현실에서 여러 문제를 판단하는 기준으로 살아 있고 긴밀하게 우리의 문화와 정신에 결합되어 있기에 그것만으로도 정약용의 철학과 공부법을 배워야 할 이유는 충분하다.

물론 다산의 정신으로 우리의 오늘을 철저히 이해하는 것만으로 끝나서는 안 될 것이다. 세계에서 10위 근방을 오가는 경제 규모를 자랑하는 나라로 21세기를 살아가는 새로운 대한민국의 위상에 걸맞게, 200년 전 다산의 학문을 발판으로 온고지신하여 앞으로 200년을 좌우할 더 나은 한국인의 정신, 세계인의 정신을 만들어나갈 새로운 학문과 철학을 개발하는 데 힘써야 할 것이다.

《율곡의 공부》에서도 그러했듯이 다산의 교육관과 학문하는 방식 역시 좀 더 쉽고 실천적인 방식과 결합하기 위하여 '공부'라는 키워드를 중심으로 정리해보았다. 이 책은 《여유당전서》를 바탕으로 다산 선생의 글을 두루 인용하였는데, 따로 출처를 밝히지 않은 것은 다산이 자식들을 공부시키고, 교육하기 위해 두 아들에게 보냈던 편지글이다.

이 책의 구성은 크게 2가지로 나눌 수 있다. 전반부에 해당하는 1~3부는 실용적인 공부법이다. 체계를 세워서 공부하고 궁리하는 방법, 헤매지 않고 첩경을 달리는 집중하는 공부법과 다산 특유의 초서 독서법 등 현실적인 공부법을 중점적으로 다루었다. 후반부에 해당하는 4~6부는 실천적으로 성공하기 위해서 근본적으로 토대가 되는 것들에 대한 내용이다. 평생 공부를 위한 삶에 관한 자기 계발적인 공부를 다루었다. 다산 자신의 삶의 경험을 바탕으로 좌절을 이겨내는 법과 철저하게 자기 관리하는 법, 관계의 철학을 바탕으로 한 사람 공부, 세상 공부에 대한 내용을 담고 있다.

한편 다산의 공부법과 교육관을 좀 더 깊이 있게 알려면 정약용의 인간에 대한 철학을 이해해야 한다. 그런 관점에서 정약용의 인간 본성에 대한 이론, 인성론을 정리해서 '책갈피'에 정리해놓았으니 좀 더 깊이 공부하고 싶은 분들은 재미있게 읽어보길 바란다. 어렵다고 생각하는 분들은 건너뛰고 다음 기회에 천천히 읽어도 괜찮다.

이 책의 집필에는 김장경 작가의 역할이 컸다. '다산의 인성론'을 다룬 부분은 전적으로 송석구 교수의 저작이지만, 그 외 부분은 김장경 작가 주도로 정리했다. 다만 원고 전반의 기조와 철학적 배경은 송석구 교수가 지도하였다.

이 책을 통해서 각종 시험을 준비하는 수험생뿐 아니라 지식 산업 시대에 평생 공부를 하는 직장인과 일반인들에게 실용적인 도움과 삶에 중심을 잡는 데 힘과 지혜가 되어줄 만한, 지금도 여전히 유효한 다산의 글들을 발췌하여 정리하고 현대적 관점에서 풀이하였으니 부족하나마 도움이 되길 바란다.

차례

책갈피

1부

문리가
트이는
공부

茶山 丁若鏞

인간은 누구나
출세를 원한다

다산은 조선 후기 실학파의 거두로, 학풍이 매우 실용적이다. 그렇기에 허례허식으로 자신을 포장하지 않았고, 사회 현상을 바라볼 때 냉철하고 현실적 관점에서 바라보았다. 다산은 제자들에게 이렇게 말했다.

근래에 선비들이 진출할 수 있는 길은 과거 하나밖에 없다. 그래서 정암 조광조 선생이나 퇴계 이황 선생 등 여러 선생이 모두 과거를 통하여 몸을 일으켰으니, 그 길을 통하지 않고서는 왕을 모실 방법이 없다.
근세에 고가의 후손들로 먼 지방으로 영락하여 내려와 사는 사람들은 영달하는 데는 뜻이 없고 먹고사는 일에만 힘을 쓸 뿐이다. 심한 경우에는 새나 짐승처럼 어디론가 숨으려고만 한다. 하지만 그 속에 들어가면 자손들이 노루나 토끼처럼 되어버릴 것이니, 비록 편안하게 머물면서 경작하고 자손이 번성한다 해도 무슨 이익이 있겠는가. 제군들은 과거를 통해서 출세할 것을 마음에 두고 다른 것은 도모하지 말라.

이 관점에서 다산은 출세를 위한 공부를 부끄러워하지 않았다. 다산은 아는 만큼 힘이 있어야 세상을 바꿀 수 있다고 믿었다. 그렇기에 광범위한 분야를 공부함과 동시에 정조가 승하하고 폐족이 되어 유배를 가기 전까지는 고관대작을 사귀기에 힘을 썼다. 가족들이나 친구들이 출세욕에 빠졌다고 비난했지만 아랑곳하지 않았다. 물론 좌절을 겪고 나이가 들면서 좀 더 다듬어지기는 했지만 실용주의적 태도는 일생 변하지 않았다.

내가 일찍이 이익에만 밝은 사람을 알았다. 그는 재물의 이익과 해로움을 치밀하게 계산하였고 작은 것도 세밀하게 따졌으니, 여기에는 정밀하고 깊은 뜻이 있어 말로 전할 수 없고 확실하게 지키며 흔들리는 것이 없었다. 주공과 공자가 그를 가르친다면 하품만 할 것이며, 장의와 공손연이 유세를 한다면 코를 골 것이다. 천하의 높은 덕과 지극한 선함을 가지고서도 그가 쥐고 있는 한 푼의 돈과 바꾸기는 어려울 것이다. 그는 오랫동안 가난하면서도 인仁과 의義를 이야기하기를 좋아하는 사람들을 보면 낄낄거리며 그 어리석음을 비웃었을 것이니, 어찌 순임금과 도척을 구분하고 사람과 금수를 구분하는 논의를 두려워하겠는가.

다산의 《논어》에 대한 주석서인 《논어고금주論語古今註》에 실린 이야기다. 장의와 공손연은 춘추 전국 시대의 유명한 정치가이며, 도척은 큰 도둑의 이름이다. 이익에 밝은 사람들은 요순을 들먹여도 들은 척하지 않는다. 그런 사람들에게 왕이나 지도자가 내가 도만 닦고 전파하면 나라가 잘 다스려질 것이라고 생각하는 것은 지나치게 순진한 생각이라는 주장이다.

그들에게는 무위無爲의 정치가 아니라 그들의 성향에 맞는 유위有爲의 정치가 필요하고 군주는 정기(正己, 자신을 바르게 함)만으로 되는 것이 아니라 정물(正物, 외부의 만물을 직접 다스림)해야 한다고 역설했다.

많은 백성이 이익을 원한다. 교육을 통해서 인의를 가르치는 것만큼이나 현실적인 이들의 욕구에 부응하여 정치를 적극적으로 펼쳐야 하는 것이 지도자의 의무다.

다산은 백성이 부귀할 수 없다면 나라가 망한다고 했다. 이것은 당연한 원칙인데, 나라를 다스리는 자는 종종 이것을 망각해서 자신의 신세도 망치고 나라도 망가지게 한다.

《맹자》는 이렇게 말했다.

땅 150평에 뽕나무를 심어서 누에를 치면 쉰 넘은 노인들이 비단옷을 입을 수 있고, 닭·돼지·개 같은 가축을 기르면서 새끼를 밴 암퇘지는 잡아먹지 못하게 해서 번식시키면 칠십 넘은 노인들이 고기를 먹을 수 있습니다. 한 가정에 땅 3000평을 나눠주고 전쟁 때문에 농사를 못 짓는 일이 없으면 한 가족이 굶주리는 일이 없을 것입니다.

그런 연후에 교육을 시켜 부모에게 효도하게 하고 어른들을 공경하는 도리로 백성에게 지속적으로 가르치고 인도한다면, 허옇게 머리가 센 노인들이 물건을 등에 지고 머리에 이고 다니는 일은 없을 것입니다. 백성이 기아에 허덕이지 않고 한파에 떨지 않게 정치를 하고도 복종을 이끌어내지 못했던 왕은 지금껏 없었습니다.

그런데 지금의 왕들은 백성을 위한다지만 궁중과 대갓집에서 사람이 먹어야 할 양식을 개돼지가 먹고 있는데도 이를 금하지 않고, 길거리에서 백성이 굶어 죽어도 식량을 베풀어 구제하지 않으며 흉년 탓으로 돌리니 사람들을 칼로 찔러 죽인 다음에 칼 탓을 하는 것과 다를 것이 없습니다. 만일 왕이 백성의 굶주림을 흉년에 핑계대지 않고 기아에서 구하는 인정을 베푼다면, 온 천하의 백성은 왕에게 복속할 것입니다.

백성을 엄하게 벌하고 말을 안 듣는다며 교육할 것이 아니라 먹고살게 해줘야 한다는 것이다. 그래야 교육도 효과가 있는 것이다.

과거나 지금이나 지도자는 부귀를 바라면서 백성은 부귀를 바랄 것이라는 것은 망각하고, 충성하고 희생하기만 바란다. 백성이 그런 지도자를 견디지 못하고 등을 돌리면, 배반했다고 처벌하거나 비난한다. 다산은 부귀에 대해서 이렇게 말했다.

백성은 나면서부터 욕심이 있으니, 부富와 함께 귀貴함이다. 군자는 조정에 있으면서 귀히 되기를 바라고 소인은 초야에 있으면서 부자가 되기를 원한다. 그러므로 사람을 쓸 때 공정하지 않고 현자를 현자로, 어버이를 어버이로 여기지 않으면 군자는 떠난다. 재물을 거두어들일 때 절도가 없고 백성의 즐거움을 즐거움으로 삼으며 백성의 이익을 이익으로 여기지 않으면, 소인이 배신하는 동시에 나라도 망한다.

만백성, 아니 대중은 모두 부와 귀를 원한다. 다산의 기준에 의하면 소인들은 부자를 더 바라고, 군자는 귀함을 더 바란다. 현대 자본주의 사회에서는 이런 분별을 적용하기 힘들겠지만, 명예나 권력을 추구하는 성향과 재물을 추구하는 성향이 강한 사람 정도로 대별은 될 수 있을 것이다.

어떻든 부와 귀는 백성 모두가 원하는 것인데 국가에 공정함과 예의가 없으면 군자가 떠나고, 조세를 비롯한 경제 정책이 의롭지 못하면 소인이 떠나니 나라가 망하게 된다는 것이다.

백성은 누구나 출세와 부귀를 원하고 추구하는데 공정한 사회가 뒷받침되지 않는 나라는 망한다는 것이 다산의 지론이었다. 다산의 공부 역시 이 지론을 밑바탕으로 출세, 부귀 같은 매우 실용적 관점에서 출발한다. 따라서 다산이 공부와 공부법에 대해 남긴 글들은 이전의 유학자들과 달리 매우 현실적인 것들이 많다.

물론 조선 시대 유학자라는 한계를 완전히 벗을 수 없겠지만 다산의 철학은 기본적으로 관념적인 것과 거리가 멀다. 다산에게 삶은 처절한 실전이었고, 공부도 왕도 정치를 실현하기 위한 대의와 함께 실용적 수단이었다. 이러한 실용적이고 실전적 관점에서 다산이 제시하는 공부의 도를 하나씩 알아보자.

공부의
맛

모든 일이 마찬가지겠지만, 공부를 오래 지속하려면 공부하는 즐거움을 느껴야 한다. 처음에 공부할 때는 그 생소한 용어나 개념을 익히느라 머리가 아프고 불편하다. 하지만 하나씩 알아가면서 문리가 트이면, 공부가 재미있어진다.

우리가 살면서 큰 즐거움을 주는 것들은 대부분 시간이 많이 걸리는 것들이다. 큰 즐거움을 주면서 시간이 많이 걸리지 않는 것들은 대부분 부작용이 심한 것들뿐이다. 그런 것들을 우리는 '쾌락'이라고 한다. 달라이 라마는 '쾌락을 따라가면 고통을 피할 길이 없다'고 했다.

많은 사람이 시간과 비용을 들여 바둑이나 골프를 배우고, 책을 읽으며 높은 산에 오르는 것은 그 안에 일상적이지 않은 큰 즐거움이 있기 때문이다.

공부도 마찬가지다. 인내의 시간을 지나 공부의 맛을 알게 되면 누가 시키지 않아도 공부하게 된다.

이중구李仲久에게 답하는 편지에 '책을 볼 때 맛이 있어서 《맹자》가 말한, 추환芻豢의 설이 나를 속이지 않았음을 실감했는데, 이 뜻이 매년 지날수록 더 깊어졌습니다. 이 때문에 공부를 폐하지 못하였을 뿐'이라고 하였다. 정자程子와 주자朱子 같은 많은 선생이 제자들의 물음에 답할 때나 경전의 뜻을 해석할 때 마음을 침잠하여 그 맛을 느껴 스스로 깨달아야 한다고 말하였으나 결국 그 맛이 어떤지는 말하지 않았다.

따라서 이전부터 의혹이 많았으나 풀지 못하였다. 근래에 곰곰 생각해보니 대개 맛이라는 것은 이 맛을 본 사람과 말할 수 있고, 맛을 보지 못한 사람과는 비록 말하더라도 결국 모르게 되는 것이다. 이렇듯 후세 사람은 안자顔子가 누렸던 즐거움이 무엇인지 모른다.

사람이 안자의 경지까지 이르지 못하면 반드시 안자가 향유했던 즐거움을 누리지 못할 것이니 어떻게 알 수 있겠는가. 꿀을 먹어본 사람이 꿀을 먹어보지 못한 사람과 꿀맛을 말하려 해도 형용할 수 없는 것과 같다.

지금 퇴계 선생의 '맛이 있었다'고 하는 말씀은 어떤 좋은 맛이 있었음을 분명히 아는 것이지만, 거칠고 부족한 사람은 상상해도 알 수 없는 것이다. 슬프구나. 사람이 세상을 살아가면서 정자, 주자, 퇴계가 맛본 바를 맛보지 못하고 안자가 향유하던 즐거움을 누려보지 못한다면, 날마다 오제(五齊, 5가지의 술)와 팔진미를 실컷 먹으며 공후의 즐거움과 부귀를 누린다 하더라도 오히려 굶주리고, 궁핍하다고 할 수 있다.

퇴계 이황 선생의 글을 통해서 배움을 얻은 것을 정리한 《도산사숙록陶山私淑錄》에 나오는 글이다. 추환의 설이란 《맹자》 〈고자告子 상 편〉에 나오는 이야기다. 추芻는 풀을 먹는 고기니 소가 해당되고, 환豢은 곡식을 먹는 고기니 돼지 등이 해당된다. 《맹자》는 '마음이 같다는 것은 무엇인가? 이치와 의로움을 일컫는 것이니, 성인은 먼저 마음의 같은 바를 깨달은 것이다. 따라서 이치와 의로움이 우리 마음을 기쁘게 하는 것은 소와 돼지의 고기가 우리 입을 즐겁게 해주는 것과 같은 것'이라고 하였다.

이것은 학문을 통해서 이치를 깨달은 것이 맛있는 고기를 먹는 것과 같은 즐거움이 있다는 것이다. 그것이 바로 공부의 맛이다.

퇴계 선생이 이중구에게 답한 편지에서 자신이 《맹자》가 말한 공부의 맛을 안 덕분에 공부를 그만둘 수 없었다고 한다.

다산은 공자의 제자였던 안자가 누렸던 즐거움을 안자가 되어보지 않으면 모른다고 했다. 공자의 제자 안회는 요절했으나 워낙 학식과 인품이 뛰어났기에 후일 안자라고까지 불렸다. 안자는 낡은 옷에 거친 음식을 먹는 검소한 생활로도 유명했다. 그렇다면 안자에게 무슨 삶의 즐거움이 있었을까라고 사람들은 생각할 수 있을 것이다. 안자가 누렸던 즐거움은 바로 공부를 통해서 이치를 깨닫는 즐거움이었다. 다산은 그 즐거움을 꿀을 먹어보지 못한 사람이 어떻게 꿀맛을 알겠는가라면서 형용할 수 없는 즐거움이 있는 것이라고 말했다.

사람이 태어나서 온갖 맛있는 음식과, 맛있는 술과 제후의 부귀를 누린다 해도 그 즐거움을 맛보지 못한다면 오히려 곤궁한 삶을 살다 간 것이나 진배없다고 말한다.

　어떤 사람이 산속에서 도를 닦고 내려와 보니 사람들 속에서 악취가 났다고 한다. 최고의 즐거움은 장벽이 있는 법이다. 그 장벽을 올라가서 새로운 차원의 즐거움을 찾게 되면 산해진미보다 더 나은 신세계의 맛을 느낄 수도 있을 것이다. 공부의 맛도 바로 그런 것이다.

하나의 길이 막히면
다른 길로 돌아간다

하나의 문제를 끝까지 물고 늘어져서 해결하는 것은 쉬운 일이 아니다. 이 방식은 때로는 비효율적일 수도 있다. 끝까지 궁리하라는 것은 어떤 면에서 의지의 차원을 더 강조한 말이다. 좀 더 높은 차원에서 끝까지 궁리하려면 방법적인 차원에서 다각화해야 한다. 하나의 문제를 해결하기 위해서 다양한 방법들을 동원해야 하는 것이다.

전쟁에 비유하자면, 현대전은 총력전이라고 한다. 과거에 전쟁이 무기를 들고 직접 싸우는 것만을 의미했다면, 지금은 그렇지 않다. 경제 제재를 하는 것도 전쟁의 한 수단이고, 정보를 수집하는 것도 전쟁의 수단이며, 미인계를 쓰거나 과학 기술을 개발하는 것도 전쟁의 수단이다. 총력전이라는 것은 목적을 달성하기 위하여 모든 수단을 활용한다는 의미인 것이다.

학문의 이치를 탐구하는 것도 마찬가지다. 하나의 문제가 막히면, 다른 책을 검토해보기도 하고, 뛰어넘어서 다른 단원의 앞뒤 맥락으로 이해하기도 하며, 좀 더 쉬운 기초 자료를 찾아보기도 하고, 새로운 이론을 찾아보기도 하며 심지어 다른 학문에서 단초를 얻어 문제를 해결하기도 한다. 다양한 길을 찾아보는 총력전을 펼치는 것이다.

이숙헌李叔獻에게 답하는 별지別紙에서 이렇게 말했다.

"궁리에는 여러 방법이 있습니다. 따라서 궁리를 하는 데 혹시 서로 얽히고 설킨 것이 많아서 힘으로 통달할 수 없는 것이 있거나, 내가 다소 우매하거나 어두워서 이치를 힘으로 밝히고 깨치기 어려울 수 있습니다. 그렇다면 이 문제는 잠시 내려둬야 합니다. 다른 문제를 별도로 궁리해서 얻을 생각을 해야 합니다. 이처럼 궁리를 보내고, 궁리를 맞이하는 것입니다. 이렇게 오랫동안 축적해가면서 탐구하면 자연스럽게 점차 마음이 밝아지는 것을 느낄 수 있으며, 그 실질적 이치가 눈앞에 현저하게 드러납니다. 이때 밑바닥까지 밝히지 못한 것들을 다시 가져와서 그 의미를 세세하게 풀어나가는 것입니다. 이미 밝혀놓은 도리를 바탕으로 검증하고, 그 도리에 비추어 하나하나 밝혀나가면 자신도 모르는 사이에 전에 몰랐던 것을 바닥까지 밝힐 수 있습니다. 일시에 알던 것과 모르던 것이 서로 함께 일어나 깨우치고 이해하게 되는 것이니, 이것이 궁리의 활법입니다."

타고난 성품이 조급하여 궁리를 하는 데 오랫동안 인내하지 못했다. 혹 하나의 이치를 궁리하다가도 막히는 곳을 만나 뜻이 통하지 않으면, 심사가 불이 타오르는 듯 급하게 되어 정신이 황망해지고 불안정해져서 중도에 나락에 빠져 그만두게 되었다. 글을 읽는 데도 이런 병이 있었다.

지금 퇴계 선생이 논한 바를 보니 그 병의 약을 구한 듯하다. 적절하고 사리에 맞으니 그 자신이 실천해서 얻은 참 지식에서 구한 것이기 때문이다. 이러한 오묘한 비결을 얻어서 궁리하면, 투철하게 꿰뚫어 이해하지 못하고 삭혀서 소화하지 못할 문제가 없을 것이다. 어찌 감히 자세히 살펴 성실하게 공부에 힘쓰지 않을 수 있겠는가.

'숙헌'은 율곡 이이 선생의 자(子, 본 이름 외에 가까운 사람들이 가볍게 부르던 이름)다. 퇴계는 율곡에게 답하는 편지에서 이치를 깨우치는 데는 여러 가지 길이 있다고 말하면서 궁리의 활법活法을 말한다. 활법이란 살아갈 길이요, 다양하게 응용하는 법이다.

궁리의 활법이란 문제가 너무 복잡하거나 나의 역량이 부족하여 이해하기 어려울 때는 일단 내려두고 다른 부분을 공부하며, 다양한 부분을 공부해 익히다 보면 저절로 깨치는 때가 온다고 말한다. 모르는 부분을 체크해두고 마음속에 깊이 새겨질 때까지 고민하는 시간들이 있어야 하는 것이다. 다산은 성격이 급해서 중도에 포기하는 일이 많았는데, 이런 묘한 방법을 얻었으니 소화시키지 못할 공부가 없다며 더욱 분발할 것을 다짐하고 있다.

중국 정나라에 신발을 사려는 사람이 있었다. 이 사람은 발 치수를 잰 다음 종이에 적어두고 나서 서둘러 시장에 들러 신발 가게로 발걸음을 옮겼다. 그때 갑자기 치수를 적은 종이를 집에 두고 온 것을 알아챘다. 하는 수 없이 신발 가게 주인에게 종이를 가지러 집에 갔다 오겠다고 말한 뒤 나가 버렸다. 시장으로 되돌아왔을 때는 해가 저물어 이미 시장이 파해버렸다. 이 모습을 지켜본 마을 사람이 물었다.

"왜 신발을 직접 신어보지 않았소?"

그는 당연하다는 듯이 답했다.

"종이에 적은 치수가 정확한 것이지, 내 발을 어떻게 믿을 수 있겠소."

무엇인가에 몰두하면 지혜가 흐려지는 법이다. 평소에 영리한 사람도 지나치게 하나에만 몰입하다 보면 벽에 꽉 막힌 것처럼 고지식하고 융통성 없는 생각과 행동을 하는 것이 인간이니 반드시 궁리의 활법을 익혀야 한다.

오클랜드대학교 공학 교수인 교육 전문가 바바라 오클리Barbara Oakley에 의하면, 우리가 공부하는 머리에는 집중 모드와 분산 모드가 있다고 한다. 집중 모드는 하나의 문제를 단계적으로 해결할 때 유리하고, 분산 모드는 창의적으로 문제를 해결할 때 유리하다. 집중 모드는 세밀한 것을 밝히는 데 좋고, 분산 모드는 전체를 조망하는 힘이 있다고 한다. 바바라 오클리가 쓴 《숫자 감각》에서는 수학 포기자 수준으로 수학 성적이 나빴던 한 여성이 이 분산 모드를 활용하여 성적을 올린 경험을 다루었다. 그 여성의 경험담을 들어보자.

저는 11학년 때 '미적분학 1'을 수강했는데 악몽 같았습니다. 과거에 배운 것들과는 차원이 달라 어떻게 공부해야 할지조차 몰랐어요. 여느 때보다 오랫동안 열심히 공부했지만, 아무리 문제를 많이 풀어도, 아무리 오랫동안 도서관에 앉아 있어도 배우는 게 없었어요.

(중략)

고등학교 때 집중 사고 모드에 갇혀 있었습니다. 동일한 방식으로 문제에 접근하면 결국은 풀 수 있을 것이라고 생각했거든요. 지금은 수학과 경제를 가르칩니다. 언제나 그렇듯 학생들은 문제 자체를 이해하는 데 집중하지 않고 문제를 풀기 위한 단서를 찾기 위해 세부를 살피는 데 집중합니다.

집중 모드에만 빠져 있다 보면 전체를 살피는 데 소홀하게 된다. 따라서 해결하지 못한 문제를 계속 붙들고 있으면 집중 모드만 활용하게 되어 문제는 해결되지 않고, 피로도만 높아진다. 그때는 적절한 휴식이나 다른 분야를 공부해 분산 모드로 바꿔줘야 한다. 분위기 전환만으로 오히려 문제를 해결할 수 있는 것이다. 이 분산 모드가 궁리의 활법과 통하니 숙지하여 효율적으로 공부해야 한다.

공부법에
변화를

궁리의 활법을 이야기했지만, 문제가 해결되지 않을 때나 꽉 막혔을 때뿐 아니라 공부할 때도 한 과목만 공부하는 것보다 다른 과목을 섞어 가며 공부하는 것이 좋다. 지루함을 줄여서 공부를 오래 지속할 수 있게 도와주는 덕분이다. 서울대 사회학과 출신의 이적(가수)이 방송에서 한 이야기를 들어보자. 대개 명문대에 진학한 학생들의 이야기를 들어보면 수학을 공부하다 일정 시간이 지나면 영어를 공부하고 다시 과학을 공부하는 식으로 '변화'를 주면서 공부한 학생들이 많다. 이유는 뇌는 늘 새로운 자극을 필요로 하기 때문이다. 다산 역시 그러한 공부법을 강조했다.

사람의 본성이라는 것은 오래된 것을 싫어하고 새로운 것을 좋아한다. 산사나무의 열매와 귤을 번갈아 먹으면 입맛이 새롭게 되고, 청록색과 붉은색을 번갈아 보면 눈이 새롭게 밝아지는 것이다. 사랑 노래가 듣기에는 좋아도 자주 부르면 하품과 기지개가 난다. 따라서 《시詩》, 《서書》, 《역易》, 《예禮》, 《좌전左傳》, 《국어國語》, 《한서漢書》, 《사기》, 《논어》, 《맹자》처럼 올바르고 마땅한 내용과 《장자莊子》나 《이소離騷》에서 볼 수 있는 특별하고 기이한 내용을 월별, 계절별로 다르게 공부해야 한다.

마치 산이 중첩되어 있고 물이 거듭 흐르며 버드나무가 푸르고 꽃이 활짝 피는 것같이 변화가 많으면, 근원을 추구하는 자는 고생스러움을 느끼지 못하고 높은 산에 오르는 자는 피로함을 느끼지 못하는 것이다. 이처럼 하면 어찌 글을 읽지 않겠는가.

그런데 요즘 공부하는 학생들은 그렇지 않아서 금년에 《소미통감》을 읽고, 다음해에 《소미통감》을 읽으며 그다음 해에도 같은 책을 읽는다. 마치 천리 길을 동행하는 이 없이 홀로 걸어가는 것처럼. 시냇물 하나를 건너면 또 다른 시냇물이 앞을 가로막고, 고개 하나를 넘으면 또 다른 고개를 만나는 형국이다.

걸을 때마다 하품과 기지개가 나니 갈수록 나른하고 지루하다. 그러니 소계자蘇季子같이 뜻이 분명하고, 사마상여司馬相如같이 독서를 즐기는 사람일지라도 싫증이 날 수밖에 없고 중도에 포기하지 않는 자가 없을 것이다.

《소미통감》은 중국 송나라의 학자 소미가 사마광(司馬光, 1019~1086)의 역사서 《자치통감資治通鑑》을 바탕으로 편찬한 역사서다. 소계자는 춘추 전국 시대에 활약한 전략가로 독서를 통해 주위의 비난을 이겨내고 큰 뜻을 이루었다. 사마상여는 7살 때 《좌씨춘추》를 읽고 깨달음을 얻은 천재로, 배고픔과 목마름도 잊고 책을 읽을 정도로 독서를 좋아했다고 한다.

듣기 좋은 사랑 노래도 오래 들으면 하품이 나온다고 했다. 경전을 공부할 때 《논어》, 《맹자》처럼 정직한 도를 밝힌 것만 공부하지 말고 《장자》, 《이소》처럼 특이하고 문학적 내용을 담은 책들도 섞어서 공부하면 첩첩산중을 걸을 때 물도 만나고, 아름다운 꽃과 풀을 만나서 지루할 틈 없이 힘든 줄도 모르며 정상에 오르는 것처럼 즐겁고 재미있게 공부할 수 있다는 것이다.

인간의 뇌는 좌뇌와 우뇌, 간뇌가 있다. 한때 전뇌 학습법이라는 것이 유행했다. 전뇌는 지성, 우뇌는 감성, 간뇌는 종교적 직관·영감을 주로 담당한다. 전뇌 학습법은 뇌의 각 부분이 담당하는 부분이 다른 것을 활용한 학습법이다.

한마디로 전뇌 학습법은 모든 뇌를 활용하는 학습법이다. 이 학습법은 청소년들의 두뇌 계발에 기여하고 성인들의 치매 예방과 집중력 향상에 도움을 주는 점을 인정받아 장영실과학문화상 과학학술 부분 금상(2001)을 받았고, 전 세계적으로도 보급되었다.

한쪽 뇌가 자극되어 지치면 다른 쪽 뇌를 자극하면서 그전에 일하던 부분을 쉬게 해주는 것이 좋다. 이렇듯 여러 뇌를 골고루 계발하는 것이 성적을 올리는 데도 도움이 될 것이다.

아인슈타인은 좌뇌와 우뇌의 가교 역할을 하는, 양쪽을 연결하는 뇌들보가 다른 사람들보다 훨씬 더 발달했다고 한다. 이것은 좌뇌와 우뇌를 동시에 개발하거나 서로를 오가는 방식으로 학습하는 것이 천재적 두뇌를 만든다는 것을 증명하는 연구 결과다.

대체로 공부를 좋아하고 몰입해서 열심히 하는 사람들은, 한 과목을 오래 하다 보면 지루하여 다른 과목을 공부하고 싶은 마음이 자연스럽게 생기는 것을 느끼게 된다. '오늘 무조건 이 책을 다 끝내야지' 하는 마음이나 '이 과목을 좋아하니까 이것만 해야지' 하는 생각보다 자연스럽게, 때로는 계획을 세워 변화를 주면서 공부하는 것이 효율적이다.

다산이 지적한 것처럼 항상 같은 책만 읽는 것은 친구도 없이 먼 길을 떠나는 것과 같고, 매년 같은 책만 읽으면 아무리 독서를 좋아하는 사람도 지루함을 느끼고 중단하게 되는 것이니 공부도 마찬가지다. 한마디로 적절한 변화를 통해서 지루할 새 없이 공부하는 것이 효율적인 공부법이다.

정보를 수집하여
소가 아니라 준마를 타라

흔히 공부에는 지름길이 없다고 한다. 공부하는 방법에 치우쳐서 실질적으로 공부는 하지 않고 쉽게 공부하려는 태도를 경계한 말이다. 하지만 공부를 잘하고 좋은 성과를 내는 사람들에게는 공통점이 있다. 즉, 그들의 공부법을 배우면 헤매지 않을 수 있는 것이다.

다산은 잘못된 공부법으로 인해서 많지 않은 공부 시간을 허비하는 것을 안타까워했다.

아이가 글을 읽는 기간은 대개 9년이다. 8세에서 시작하여 16세까지다. 8세부터 11세까지는 대개 무지몽매하여 글을 읽어도 그 맛을 모른다. 15세에서 16세가 되면 이미 남녀로 나뉘어서 기호가 생기고, 만물에 대한 욕심이 생겨나 마음이 그쪽으로 치우치게 된다. 따라서 제대로 독서할 수 있는 시기는 12세에서 14세까지 약 3년간이다.

이 3년 중에서도 여름은 독서하기에 너무 덥고, 봄에는 날씨가 좋아서 아이들이 놀러 가기를 좋아하여 책을 읽지 않는다. 오직 9월에 시작하여 다음해 2월까지, 180일 정도가 글을 읽는 기간이다. 180일을 3년간 독서하면 총 540일이다. 거기에다 세시풍속에 따라서 명절에 놀고 질병으로 아파서 괴로워하는 날을 빼고 나면 실제로 독서하는 기간은 300일쯤이다.

이 300일은 하루하루가 주옥같은 시간이다. 지금 우리 아이들은 그 기간을 소미 선생의 《통감절요》 15책을 읽는 데만 보내고 있다. 그러니 평생의 독서가 이 《통감절요》 1질에 그치고 남는 시간에 다른 글을 읽는다 해도, 이미 학과 공부는 끝난 것처럼 진심을 다하지 않으니 독서량이 터무니없이 부족하게 되고 만다.

어린 시절의 독서는 아주 중요하다. 본격 입시 경쟁이 시작되기 전이 독서를 할 수 있는 여유가 있기 때문이다. 사회생활을 시작하기 전이 그래도 책을 읽을 수 있는 여유가 있는 시기다. 그나마도 독서할 시간을 확보하기 쉽지 않다. 그런 시기에는 책을 잘 골라서 읽어야 한다. 어쩌면 그 시기가 평생 독서의 대부분이 될 수 있다. 정신과 공부의 근간이 될 수도 있는 머리가 유연한 시기의 독서는 스펀지가 물을 흡수하듯 스며들기 때문이다.

이 책은 사마공의 《자치통감》을 원본으로 삼고 있다. 그런데 주자의 강목(綱目, 줄거리와 구체적인 항목)을 범례로 쓰고 있다. 삼국에 대해서는 촉한을 정통으로 여기고, 사실은 조조의 위나라 위주로 기술하고 있다.
주객이 바뀌고 왕과 적이 도치되었다. 따라서 그 뜻이 마땅함을 잃었다.
이 책이 이와 같은데, 어찌 후세에 전할 수 있겠는가.
그 외에 연월의 오차와 사실이 잘못 전달된 오류는 일일이 말하기도 어렵다. 누군가의 집에서 자식이 태어나면 얼굴이 수려하고 총명하며 지혜롭기가 발군이라면, 학문을 가르쳤을 때 문장을 이룰 수 있고 도학道學을 이룰 수 있다.
열두세 살 정도 되는 아이들을 바라보면 난정곡치鸞停鵠峙와 같은데 그 아이들을 이렇게 잘못된 책에 함몰되도록 오도해서야 되겠는가.

'난정곡치'란 현명한 선비가 그 직분에 맞는 벼슬을 하는 것을 가리키기도 하고, 어린 시절 수재의 아름다운 용모를 말하기도 한다. 재능이 뛰어난 아이일지라도 책을 잘못 고르면 와전된 학설에 얽매여 시간만 낭비할 수 있다는 것을 이야기하고 있다.

혹자가 《통감通鑑》 1질만 읽으면 아이들이 반드시 문장의 이치를 얻을 것'이라고 말했는데, 애석하다. 이 책을 읽는 힘으로 육경六經을 읽었다면 그 이치를 통달함이야 이루 말할 수 있겠는가. 이는 소를 탄 사람이 하루 종일 채찍질을 해서 겨우 들판을 지나가 만족하면서 이르기를, '땅으로 가는 것 중에 소보다 빠른 것이 없다'면서 준마가 끄는 수레를 타고 갔다면 벌써 창오蒼梧, 현포玄圃까지 갔을 줄은 모르는 것이다. 어찌 이처럼 어리석은가.

'창오'와 '현포'는 신선이 산다는 곳으로 차원이 다른 높은 경지를 말한다. 《통감》을 읽을 시간에 육경을 읽었다면 공부의 문리가 트였을 것이라고 말한다. 통감은 '소'에 해당하고, 육경은 '준마'에 해당하는 것이다. 그래서 공부를 시작할 때 널리 정보를 수집하고 조언을 구해서 가장 빨리 달릴 수 있는 최고의 책과 스승을 만나도록 해야 한다.

한편 교육 전문가들의 연구 결과에 따르면, 지능이 비슷한 사람들이라도 두뇌가 정보를 처리하는 방식은 각기 다르다고 한다. 어떤 사람의 두뇌는 문서를 통해서 정보를 잘 처리하고, 어떤 이는 청각을 통해서 정보를 흡수하는 것을 편하게 여긴다. 후자는 강의를 듣는 것이 더 유리할 것이다. 또 어떤 이는 동영상이나 신체 활동을 통해 정보를 더 잘 흡수한다고 한다. 이는 친구들에게 자신이 배운 것을 설명하는 형태로 지식을 습득하면 더 빨리 배울 수 있다고 한다. 남들이 하는 통상적인 방식의 공부나 교재보다 정보를 풍부하게 수집하고 자신을 잘 파악하여 가장 적합한 공부법을 찾아야 한다.

그렇게 해서 첫출발부터 소가 아니라 준마를 타고 달려야 한다. 자칫 우리가 하는 공부도 소를 타고 가면서 가장 빠른 수단으로 목표를 향해 가고 있다고 착각하기 쉽다.

공부의 정확한
틀을 만든다

공부에는 순서가 있으니 처음에는 정확하고 객관적 사실을 바탕으로 바른 식견을 만들어가야 한다. 바른 식견이란 공부의 틀을 말한다. 그렇게 틀을 잡고 나서 여러 변형된 내용이나 주관성이 강한 특이한 이론들을 살펴봐야 한다. 처음부터 왜곡된 내용이나 사실이 아닌 내용을 공부하면 식견을 바로잡지 못한다.

어린 시절 공부의 길로 이끄는 방법은 그 지식을 계발하는 데 있다. 지식에 이른 것은 한 글자 한 구절도 문리와 마음의 지혜를 여는 열쇠가 되지만, 지식에 이르지 못한 것은 다섯 수레, 1만 권의 책을 읽더라도 책을 읽지 않은 것과 다를 바 없다.

천황씨天皇氏라고 일컫는 것이 뭔지 모르겠다. 임금을 말하는가. 목민관을 말하는가. 귀신을 말하는가. 그것도 아니라면 인간을 말하는가. 나무에는 무슨 덕이 있어서 천황씨를 왕이 되게 하였는가.

섭제攝提는 무슨 물건이라서 한 해라는 것이 이것으로부터 말미암아 일어났단 말인가. 화化는 무엇이어서 어떤 물건이 화한다는 것인가.

만약 형제를 말한다면 한배에서 나온 것이다. 이 천황씨가 부모가 있다면 최초의 출생이라고 이름붙일 수 없을 것이며, 만약 최초의 출생이라면 어떻게 형제가 12명에 이를 수 있는가. 형이 천황이 된다면 동생은 천황이 아닐 것이며, 만약 모두 천황이라면 어떻게 재위 기간이 같을 수 있는가.

원회운세元會運世라는 말이 모두 이처럼 아득한 것이니, 처음 공부하는 아이들이 알 수 있는 것이 아니다. 그런데 어떻게 이것을 가르친단 말인가.

《십팔사략》〈태고太古 편〉에 나오는 천황씨에 대한 내용을 살펴보자. 중국 고대 전설상의 제왕 천황씨는 삼황의 한 사람으로, 형제가 12명이고 각기 1만 8000년씩 왕 노릇을 하였다고 한다. 이렇게 허황된 내용이라면 아이들이 처음 공부하는 데 옳지 못하다. 소강절이 말한 천지의 변화 도수인 원회운세 같은 고원하고 추상적인 개념 역시 아이들이 공부하기에 적합하지 않다.

처음 공부할 때는 특수성이 강하거나 환성적인 교재들보다는 객관적이고 과학적 사실에 근거한 교재로 바른 식견을 만들어야 여러 이론들을 가늠할 수 있는 자신만의 학문의 틀과 흔들리지 않는 중심을 세울 수 있을 것이다.

맥락을
짚는다

연관성을 바탕으로 공부하는 것은 매우 중요하다.《꼬리에 꼬리를 무는 영어》가 베스트셀러가 된 적이 있다. 하나의 영어 단어와 연결된 다른 영어 단어를 공부해서 쉽게 단어를 익힐 수 있게 한 것이다. 사람의 두뇌는 맥락으로 사고하므로 관련성 있는 것끼리 맥락을 지어서 공부하면 훨씬 더 효율적이다. 다산 역시 이 점을 강조했다.

아이가 학교에 입학하면 현황이라는 글자를 배우고, 조수라는 글자를 배우며, 비주라는 글자도 배운다. 수업을 하고 나서 황조우비를 말하면 이 아이는 문장을 만드는 법을 자연스럽게 알게 된다. 이렇게 글을 가르쳐야 문리가 트이고 지혜의 원천이 열리는 것이다. 어두운 것이 저절로 밝아져 글을 배우는 것을 즐기게 되는 것이다.

자제들을 가르칠 때는 처음 시작이 가장 중요하다.《예기》에서는 '어린 자녀들을 항상 속이지 말라고 하면서 아주 작은 것조차 주의하라'고 말한다. 그런데 지금 아이들에게 처음 공부할 때부터 허황하고, 요사스러우며, 이치에 맞지 않는 것들을 가르치면서 어떻게 아이들이 그것을 견디어 미래를 도모할 수 있기를 바라겠는가.

검고 누르다는 '현황玄黃'과, 새와 짐승에 해당하는 '조수鳥獸'를 배우고, 날고 달린다는 '비주飛走'를 배운다. '현'은 검은 하늘이며, 검은 하늘에는 새가 날아다닌다. '황'은 누른 대지며, 길짐승이 땅을 달려간다. 이렇게 단어를 하나씩 공부한 다음 문장을 구성하는 법을 배우면 사고력도 길러지고 공부에 취미를 느낄 수 있는 것이다. 다산은《천자문》을 예로 들었다.

우리나라 사람들은 주흥사周興嗣의《천자문》을 얻어서 아이들을 가르친다. 그렇지만《천자문》은 아이들이 집에서 어렸을 적 배우기에 적당한 책이 아니다. '천지'라는 글자를 배우면 '일월성신', '산천구릉' 등 같은 족속을 다 알기도 전에 버려두고 다른 것을 배운다.
오색에 속하는 '현황玄黃'이라는 글자를 공부하는 것이다. '청적흑백홍자치록靑赤黑白紅紫緇綠'의 다른 점을 알기도 전에 버려두고 또 다른 분야를 공부한다. '우주'라는 글자를 공부하는 것이다. 이것이 어떻게 제대로 된 학습법이겠는가.

여기서 '족속'은 같은 종류의 단어들을 말한다. 천지와 관련 있는 해와 달, 별, 산천, 언덕 등을 한 번에 배워야 익히기 쉽다는 것이다. 하나의 분류로 묶을 수 있는 여러 단어를 모아서 그 차이점을 분별해가며 공부하면 좀 더 효율적으로 개념들을 익힐 수 있는데, 하나를 제대로 배우기도 전에 다른 것을 중구난방으로 배우는 것을 비판한 것이다.

문자를 가르칠 때는 맑을 청淸 자로 흐릴 탁濁 자를 알게 하고, 가까울 근近 자로 멀 원遠 자를 알게 하며, 가벼울 경輕 자로 무거울 중重 자를 알게 하고, 얕을 천淺 자로 깊을 심深 자를 알게 한다. 두 글자를 대조해서 밝히면 두 글자의 뜻을 함께 알게 되고 한 글자씩만 들어 말하면 2가지의 뜻을 함께 모르게 된다.

특별한 지혜를 갖지 않고서는 스스로 깨우칠 수 없을 것이다. 모든 형체를 가진 것들과 형체가 없는 것들은 그 종류가 다르다. 무위자연의 이치와 인위적인 일도 종류가 다르다. 강하토석江河土石은 형체가 있는 것들의 이름이다. 청탁경중淸濁輕重은 형체가 없는 기운에 관한 것들이다. 정류운돌渟流隕突은 행위, 일에 관한 것들이다. 같은 종류로써 접근하지 않는다면 이치에 널리 통달하지 못한다. 따라서 《천자문》의 글자를 다 읽어보아도 한 글자를 제대로 모르는 것과 같다.

이처럼 관련 있는 것들을 중심으로 맥락이 닿는 공부를 해야 한다. 그렇게 하지 않으면 혼동에 빠져서 공부의 이치가 널리 통하게 되지 못할 것이라고 했다. 아무리 책을 보아도 이해가 가지 않고 기억에 남지 않는 것은 맥락 없이 서로 분절된 따로 놀고 있는 개념들을 무작정 외우기 때문이다.

문자가 흥하게 된 것은 만물을 분류할 수 있기 때문이다. 그 형체를 분류하고, 그 기운을 분류하며, 그 일을 분류한다. 반드시 같은 부류를 통해서 접근해야 그 뜻을 통달할 수 있다. 같은 족속 내에서 그 다른 점을 분별을 다하고 나서 그 도리가 분명해지는 것이며, 문리가 트이고 지혜가 계발되는 것이다.

따라서 옛사람들은 《소학》으로 아이들을 가르칠 때, 반드시 육서六書부터 가르쳤다. 이것은 곧 자모상생子母相生의 법칙이며, 편방(偏房, 한자의 왼쪽 획은 편, 오른쪽 획은 방)을 이합집산하는 방법인 것이다. 이렇게 강의하고 밝혀서 그 근원을 알게 하였으니, 《이아爾雅》, 《설문說文》, 《급취장急就章》, 《옥편》 같은 책 등이 모두 그러한 연유로 만들어진 책이다.

모든 문자는 예부터 그 의미가 오묘하고 통달하기 어려웠다. 그러나 당시에도 어리다고 특별하게 다루지 않았으며 그 같은 종류의 글자로 접근해서 통달하게 하였다. 그 같은 족속의 다른 점을 먼저 가르쳐 계몽하고, 지혜의 근원을 일깨워 문리가 트이게 하였던 것이다.

'육서'는 한자의 6가지 형성 원리를 말한다. 이렇게 관련성 있는 것들을 다산은 '족류'라고 하였다. 하나의 개념을 공부할 때 족류를 모두 익히고 다음 단계로 넘어가는 식으로 공부해야 문리가 트인다고 했다.

어학은 특히 맥락을 알고 공부해야 흥미를 잃지 않을 수 있다. 10세 이전에 느꼈던 학습에 대한 성취동기는 성인이 되고 심지어 노년기까지 지속된다고 한다. 어렸을 때 학문에 흥미를 불러일으키는 것이 그만큼 중요하다는 얘기다.

다른 학문이나 성인들의 경우도 마찬가지다. 사람의 두뇌는 기억할 때나 연상해서 다시 떠올릴 때 상호 연관성을 바탕으로 정보를 처리하므로 항상 맥락을 통해서 유기적으로 공부해야 하는 것이다.

문제 파악은
생각 위의 생각으로

　자신의 생각을 읽는 것을 생각 위의 생각이라 하여 근래에는 '메타 생각', '메타 인지'라고 표현하기도 한다.

　메타는 무엇인가의 위에, 초월하고 있다는 의미를 갖고 있다. 메타 인지는 1970년대부터 앤 브라운 같은 서구의 심리학자들에 의해서 개발된 개념이다. 메타 인지는 지금 자신이 생각하고 있는 것을 검토하고 조정하며 관리할 수 있는 초월적인 생각이다.

　이 메타 인지에 대하여 EBS에서 연구한 재미있는 결과가 있다.

　성적이 우수한 학생과 중간 정도인 학생을 나눠서 암기력을 테스트했다. 예상과 달리 두 그룹의 암기력은 큰 차이가 없었다. 다른 변수인 집안 환경이나 IQ마저 별반 차이가 없었다고 한다. 그런데 단 한 가지 차이가 나는 것이 있었다. 테스트하기 전에 자신이 얼마나 기억할 수 있는

지 미리 점수를 매겨보라고 했다. 성적이 우수한 학생은 거의 적중한 반면, 중간 정도인 학생들은 차이가 컸다.

자신을 돌아보는 생각 위의 생각이 공부와 성적에 큰 영향을 끼친다는 것을 알 수 있다. 우리는 자신의 마음과 생각이 흘러가는 것이 그 자체로 자연스럽고 당연하다 생각하지만, 실제로는 병든 경우가 많으니 마음 위의 마음으로, 자신의 마음을 살피려는 노력을 해야 한다.

남시보南時甫에게 답하는 편지에서 이렇게 말했다.

"마음의 병, 즉 심질心疾은 이치를 정연하게 살피지 못해서 생깁니다. 허황된 곳을 강하게 파고들어 마음이 어두워지고 알묘조장으로 답을 찾으려고 하니 마음만 괴롭고 힘은 소진되어서 깨닫지 못하는 것입니다."

일찍이 선현의 글에서 '심질'이라는 글자를 자주 접하고 의혹이 생겼다. 근래 들어 생각해보니 일반 대중은 혼란에 빠져서 깊이 살피고 점검할 생각을 하지 않는다. 그래서 천 가지 병과 백 가지 통증이 있어도 도무지 파악할 수 있는 것이 없다. 마치 정신병자가 아무런 걱정 없이 사는 것과 같다. 밝게 살피는 공력이 부족한 탓이다.

우리가 마음의 학문에 마음을 둔다면 곧 마음 안에 허다한 질병이 있음을 쉽게 깨닫게 될 것이다. 주자는 "그 병에 대해서 잘 안다면 그 약에 대해서도 쉽게 알 수 있을 것"이라고 하였다. 따라서 맹렬히 공부해야 할 것이다.

만약 공부하는 사람이 심질이 있는 경지까지 도달하지 못한다면, 어떻게 모든 이치가 순조롭게 조화되는 광명의 경지를 얻을 수 있겠는가. 마땅히 착실하고 착실하게 깊이 살펴야 할 것이다.

'알묘조장揠苗助長'이란 싹을 잡아 당겨서 빨리 자라도록 돕는다는 말이다. 모든 것은 때가 있는데 시기에 맞추지 않고 서둘러서 실패하는 것을 가리킨다.

《도산사숙록》에 나오는 내용으로 퇴계의 글을 인용하였다. 마음의 병은 이치를 철저하게 찾고 마음을 지키는 방법을 잘 몰라서 문제가 되는 것이다. 방법을 모르고 서두르기만 하는 것은 힘만 빠지게 할 뿐이니 마음의 병이 있다는 것은, 문제를 해결하는 방법을 정확히 파악해야 한다는 말이다.

다산은 많은 선현이 마음의 병이 있다는 것이 처음에는 무슨 말인지 몰랐다고 고백한다. 깊이 생각하고 보니, 오히려 마음의 병이 없는 사람이 어리석은 자란 말이다. 사람들은 병이 있어 고통스러워하면서 문제점이 무엇인지 모르고, 심지어 문제가 있는 것조차 모른다. 정신병자와 같고, 마취된 자와 같으며, 사이비 종교에 빠진 자들과 같다. 어리석은 자들은 아무 문제가 없는 사람들처럼 살아가고 현명한 자들은 고심하고 해결하려 애쓴다. 문제를 외면한다고 해서 우리를 괴롭히는 문제가 없는 것이 아니다. 공부도 마찬가지다. 성적이 좋지 않은 학생은 조금 알고 다 알았다고 착각한다.

우리는 모두 마음에 병이 있는 약한 사람이다. 이 사실을 아는 사람은 현명한 사람이다. 따라서 공부하는 사람의 자세는 문제가 없기를 바라는 것이 아니라 문제를 정확히 파악해야 하는 것이다. 문제를 정확히 파악한다는 것은 바로 문제에 대한 답을 알고 있다는 것이므로 더욱 중요하다. 문제가 있음을 깨닫는 것, 문제의 실체를 파악하는 것, 문제의 답을 아는 것 모두 하나의 일이다. 그러니 평소에 생각 위의 생각을 하는 능력을 길러야 한다. 그 능력을 바탕으로 문제를 파악하는 데 부지런을 떨어야 좋은 성적을 거둘 수 있다.

교재를 뛰어넘는 곳에
실력이 있다

시험만을 위한 공부는 공부 자체를 왜곡하는 것이다. 요즘은 평생 공부의 시대이고 문제를 해결할 수 있는 실질적인 공부, 창의성을 기르는 공부가 점점 더 중요해지는 시대가 되고 있다. 따라서 시험에만 초점을 맞춘 공부보다는 유연하고 공부의 근본 목적에 충실한 공부를 하는 것이 중요하다. 그것이 중장기적으로는 더 큰 성과와 성적을 올릴 수 있는 첩경이 될 것이다.

네가 곡산谷山에서 돌아온 이후 과거의 글을 익히도록 하였다. 이 일을 많은 문인과 운사들이 애석하게 여기며 나의 욕심이 과하다 걱정하였다. 나역시 부끄럽게 여겼다. 마침 네가 과거로 진출하는 것이 어렵게 되었으니 과문科文을 공부해야 할 걱정도 사라지게 되었다.

너에 대해서 이미 진사가 되고 급제를 한 것처럼 여기기로 마음먹었다.

공부하는 사람, 지식인이 과거에 연루되지 않으면서 진사 급제자와 어울린다면 특별히 마다할 일이 뭐가 있겠는가. 너는 진정 독서할 수 있는 절호의 기회를 맞이한 것이다.

공부를 통해서 높은 성취를 이루고 싶다면 교재나 기출 문제에 얽매여서는 안 된다. 특히 논술로 답을 하는 시험은 경계를 넘는 공부를 해야 탁월한 성취를 이룰 수 있다. 기존의 방식에만 얽매여서는 남들과 대동소이한 성적을 낼 수밖에 없는 것이다.

내 재주는 너희들보다 조금 낫다고 할 수 있다. 어렸을 적에는 어디로 가야 할지 앞길을 알지 못하였다. 15세에 상경하여 스승을 찾았으나 방랑만 하고 별다른 소득이 없었다. 20세에 과거에 전심전력을 다하였고 태학에 들어갔다.

이때부터 변려문에 골몰하였고 규장각에 예속된 후로는 비루한 문장학에 머리를 묻어야 했다. 이렇게 보낸 세월이 무려 10년이다. 그 후에는 교서관의 일로 바쁘기만 하였다. 다시 곡산에 목민관으로 부임해서는 백성을 거두는 데 온 힘을 기울였다.

서울에 돌아온 후로 신공과 민공 두 사람으로부터 축출되었고, 이듬해에는 감옥에 억지로 붙잡힌 몸이 되었다. 서울과 지방으로 분주히 돌아다니기만 하다 지난봄에는 화를 입게 되었으니 하루도 마음 편하게 독서에 전

넘할 수 없었다. 따라서 나의 시니 문장이니 하는 것들을 어마어마한 물로 씻어내도 끝내 과문의 기운을 벗어날 수 없고, 잘 지은 것도 관각체의 느낌을 면하지 못한다.

그렇게 세월이 흘러 이제 내 수염과 머리는 희끗희끗해졌고, 정기는 쇠잔해지고 말았으니 이 모두가 운명이 아니겠는가.

가稼야, 너는 재주와 총기가 나보다 조금 모자라지만 네가 10세 때 지은 글은 내가 약관에도 짓지 못했던 것이다. 근래 수년 전에 네가 지은 것은 가끔 내가 지금도 지을 수 없는 것도 있으니, 이 모든 것이 네가 공부를 하는 데 돌아가지 않았고 네가 듣고 보면서 공부한 것이 조잡하지 않은 덕분이다.

과문은 과거 시험에 적합한 문체다. '변려문'은 중국의 오래된 한문 문체의 하나로 대구를 중시하는 문체다. 관각체는 명나라와 청나라 한림원의 관료들이 즐겨 사용한 문체다. 당시 과거 응시자들 사이에 꽤 성행했다.

다산은 자신의 공부가 과거와 공직에서 일한 경험 탓에 왜곡된 점이 있다고 고백한다. 시나 문장에 공직자의 어투가 강하게 배어 있다는 것이다. 자신의 재능이 부족하지 않은데도 공부 자체에 몰입하지 못하고 우회하게 된 것을 한탄하고 있다. 물론 지나치게 겸손한 표현이기는 하지만, 특정 형식에 얽매여서는 공부의 발전을 이루는 데 한계에 부딪칠 수밖에 없다.

일본은 요 얼마 되는 동안 유명한 선비들을 많이 배출하고 있다. 조래라는 호를 가진 물부쌍백 같은 이는, '해동의 공부자'라고 불리며 따르는 자도 상당히 많다. 지난번 신사가 다녀왔을 때 조본렴의 글 3통을 가지고 왔는데 하나같이 정밀하고 예리하였다. 일본은 백제의 서적들을 얻어서 무지몽매함을 겨우 벗기 시작한 나라인데, 중국 절강 지방과 직접 교통한 이후에는 중국의 좋은 서적을 구해서 가져가지 못한 것이 없었다. 과거 공부를 해야 하는 폐단이 없으니 지금 일본의 학문이 우리나라를 넘어서게 된 것이다. 정말 부끄러운 일이다.

현대 용어로 풀이하면, 일본이 우리나라보다 학문에 뒤졌으나 입시 공부의 폐단이 없으니 더욱 발전한 면이 나타났다는 것이다. 실질적인 실력을 기르려면 시험 위주의 공부는 한계가 있으니 진짜 공부에 몰입해야 하는 것이다.

중국 전국 시대 조나라의 명장 조사趙奢는 아들 조괄趙括과 병법을 논했는데, 항상 아들에게 이기지 못했다. 병법에 천재적인 조괄을 주위 사람들이 하나같이 칭송했으나 조사는 칭찬하는 법이 없었다. 조괄의 아내는 왜 그러느냐고 물었다. 조사는 이론에만 박식한 조괄이 대장이 되는 날, 조나라는 망할 것이라며 걱정했다. 심지어 조괄이 대장이 되지 못하도록 막으라고 유언을 남길 정도였다.

진나라가 조나라를 침략해 왔을 때 조나라는 염파廉頗라는 대장군을 앞세워 대적했다. 염파는 백전노장의 장군으로 소소한 전투에서 패했으나 수비만 굳게 할 뿐 섣불리 먼저 공격하지 않았다. 오랜 경험으로 지구전으로 가면 무조건 승리한다는 사실을 알고 있었기 때문이다.

하는 수 없이 진나라에서 계책을 썼다. 염파가 전투에서 계속 지고 겁을 먹어서 나서지를 못하고 있다는 풍문을 퍼뜨렸다. 동시에 첩자들을 통해 진나라에서 조괄이 대장군이 될까 봐 두려워하고 있다는 유언비어도 섞었다.

작은 전투에 패한 것을 안 왕이 의구심을 갖고 있던 차에 분개하여 대장군을 조괄로 바꾸려고 했다. 그때 조나라의 명재상 인상여藺相如는 극구 반대했다.

주군께서 명성만 듣고 조괄을 대장군으로 임명하는 것은 마치 거문고의 기러기발을 아교로 고정시키고 거문고를 타는 것과 같습니다. 조괄은 아버지 조사가 전해준 책만 읽었을 뿐 변통하는 방법을 전혀 모릅니다.

소리를 조율하는 기러기발을 고정시키면 거문고 소리를 제대로 낼 수 없듯이 융통성 없는 조괄을 장군으로 임명하면 전쟁에 승리할 수 없다는 것을 진언한 것이다.

그러나 왕은 인상여의 말을 듣지 않았다. 저잣거리에 떠도는 풍문과 간신배들이 뱉는 말만 믿고 고집스럽게 조괄을 대장군으로 임명하고 말았다. 결국 속전을 펼치던 조괄이 이끄는 군대는 포위당하여 무려 40만 대군을 죽음으로 내몰고야 말았다.

정해진 교재와 이론만으로 앎을 터득하는 데는 한계가 있다. 정한 교재만 습득하는 것보다 경계를 넘나들며 자유롭게 공부한 지식이 오랫동안 자신의 진짜 지식으로 남는다. 한국사를 제대로 알려면 세계사도 알아야 한국사를 제대로 이해할 수 있는 것처럼 말이다. 전문 기술 같은 실용 공부를 실전에서 활용하려면 풍부한 경험을 쌓아야 한다. 그래야 지식이 지혜가 되는 것이다.

교재 위주, 시험 위주의 공부를 하는 사람들은 전체 맥락을 이해하기 힘든 상태에서 단순한 개념들을 암기하는 탓에 공부에 흥미를 느끼기 힘들고, 조금만 응용한 고차원적인 문제를 내도 어렵게 느낀다. 따라서 역설적으로 시험 위주인 교재의 경계를 넘어선 공부를 해야 시험에서도 남들과 다른 특별한 성과를 낼 수 있다.

다산 인성론 1

하늘로부터 부여받은
본성은 무엇인가

다산의 천명사상은 기존 성리학의 천명사상과 다르다.

《중용》에서는 "천명(天命, 하늘의 명령)을 일러 성(性, 사람과 사물 따위의 본성)이라 하였고, 《대학》에서는 "하늘의 밝은 명을 돌이켜 살핀다" 하였다. 주자는 성을 리(理, 이치)로 생각하여 명을 리로 보았던 것이다. 비록 그러하나 인성에 부여해주고 선을 향하고 악을 멀리하게 하는 것은 오직 천명이다. 날마다 이곳에 있으면서 선한 자에게 복을 주고 음란한 자에게 화를 주는 것도 천명이다. 《시경》의 천명이 어쩌다 이를 개괄해서 본심의 정리라고 할 수 있겠는가. 고시에 "두려운 천명이 때로 보호해주시다" 하였는데, 만일 "두려운 마음이 때로 보호해주시다" 한다면 어찌 뜻이 통하겠는가.

— 《논어고금주》

다산은 명백히 천명은 역리천의 천리가 아니고 오히려 선한 자에게 복을 주고 음란한 자에게는 화를 주는 권선징악을 내리는 신적인 면을 강조한다. '리'는 생명이 없는 이치 또는 원리에 지나지 않는다. 그러나 다산은 천명을 천지조화의 '리'로 보지 않고 종교적 입장에서 천명을 보는 경건성이 있음을 본다. '성을 리'라고 볼 때는 주정적(主靜的, 활동적이 아닌 정적)이요, 기계적이요, 비활성적이요, 비신격적, 비종교적인 것이다. 그러나 다산은 '천명'을 종교적이요, 신성이요, 인사 주재 능력으로 이해하고 있다.

사람의 성이란 오직 일부 인성이며, 개나 소의 성이란 일부 금수성이다. 대개 인성이란 도의, 기질의 두 성을 합하여 하나로 만든 성인 것이다. 금수성은 순전히 기질의 성일 따름이다.

—《맹자요의孟子要義》

다산은 성에는 인성과 금수성이 있음을 밝히고 인성은 도의, 기질을 합한 것이라고 한다. 다시 성을 본연의 성과 기질의 성으로 나누어본다. 그러나 인성은 본연의 성과 기질의 성을 합하여 있으므로, 이때 본연의 성은 도의의 성을 내포한다. 그러면 도의의 성은 어떤 것이고 기질의 성은 어떤 것인가.

인성을 논해보자. 사람에게는 항상 2가지 상반된 뜻이 있어서 한꺼번에 들춰 나오는 것이다. 여기 음식이 있다. 그 음식이 의로운 음식이 아니라면 받아먹고 싶지만, 먹지 않을 것이다. 여기 환난이 있다. 사람 구실을 할 수 있을 것 같다면 피하고 싶지만, 피하지 않으려고 할 것이다.

음식을 먹고 싶거나 환난을 피하고 싶어 하는 것은 기질의 욕심이다. 먹지 않으려고 했거나 환난을 피하려 하지 않은 것은 도의의 욕심이다. 개나 소는 음식을 던져주면 그저 먹고 싶어 한다. 개나 소에게 칼로 위협하면 그저 피하려 할 것이다. 이처럼 개나 소에게는 기질의 성만 엿볼 수 있다.

—《맹자요의》

사람에게는 도의道義가 있으므로 기질氣質의 본능을 거부할 수 있다. 이 본능을 거부하는 도의도 성의 일종이다. 그러나 금수에게는 본능의 기질성만 있고 도의성이 없다. 이 기질성도 성의 일종이다. 인간에게 주어진 도의성을 본연(자연 그대로의 모습)성이라 한다면 금수성 역시 본연성이라 할 수 있다. 금수는 단지 기질성만 가지고 있기 때문이다.

본연성은 사람의 도의와 기질을 합한 성으로 만든 것이 본연의 성이요, 금수가 기질의 성만 가지고 있는 것도 본연의 성이다. 본연을 기질로만 상대해서 이야기할 필요가 있는가.

—《맹자요의》

다산의 이 말에 비춰보면 다산의 견해는 성이 단지 우주의 만 가지 변화 이치로서 역리易理적인 천리라고 한다면, 인간이나 금수에게도 똑같은 성을 주었어야 한다고 보는 것이다. 즉, 성즉리性卽理는 인간이나 동물에게 동일한 성을 주는 원리를 암시하는 것이다. 그러나 인간의 인성은 기질의 성과 도의성이 함께 본연의 성으로 주어진 것이다. 다산은 본연의 성에 도의성까지 내포시켜서 이것 역시 천명임을 주장한다.

그러나 성즉리를 따르면 인간이나 금수가 동일성을 가지게 되어 심지어는 금수에게도 도의성이 있다고 보는 견해, 즉 자가당착에 빠지게 된다. 그러나 본연의 성은 인간과 짐승에 각각 다르게 주어진 것이다.

본연의 성은 각각 다르다고 생각한다. 사람으로 말하면 선을 즐기며, 악을 부끄럽게 여기고 몸을 가다듬으며 도를 향하여 나아가는 것이 본연이다. 개는 밤을 지키고 도둑을 보면 짖으며 더러운 것을 먹으면서 새 발자취를 쫓는 것이 본연이다. 소는 멍에를 메고 무거운 짐을 지며, 풀을 먹으면서 뿔로 받는 것이 본연이다.

각각 천명을 받았으니 바꿀 수 없다. 그 형체가 같지 않아서 서로 통할 수 없는 것이 아니라 부여받은 이치가 스스로 같지 않으니 그 성이 다르다.

—《맹자요의》

다산은 인간은 천명으로써 자각적, 주체적, 반성적, 가치 지향적이게 된다고 하였다. 인간이 선을 향하고 악을 싫어하는 것은 인간이 받은 천명이 그러하기 때문이다. 이처럼 인간이 선을 지향하는 것은 천명이 준 것이기에 해야만 하는 당위요, 선택적인 것이 아니다. 즉 선은 해도 좋고 안 해도 되는 그런 것이 아니다.

다산이 성즉리를 비판하는 근거를 '리'라 했을 때는 사람과 짐승에게 동일하게 주어져야 하는데 그렇지 않음을 비판한 것이고, 모든 사물에 특수한 개성은 이미 천명이 부여해준 것이기에 동일성으로 변천할 수 없음을 입증하는 것이었다.

다산은 논리를 더욱 전개하였다.

만물은 근원을 같이하며, 모조리 천명을 받고 있다. 이런 이유로 리를 같다고 하면 누가 불가하다 할 것인가. 단, 선배 학자들은 '리에는 대소가 없고, 귀천도 없지만 특히 형기에는 바른 것도 있거니와 치우친 것도 있다. 그중 바른 것을 얻은 자는 리도 두루 갖추었고, 그중 치우친 것을 얻은 자는 리가 막히고 가려져 있기도 하며, 본연의 성은 사람과 짐승이 다 같거니와 기질의 성은 약간 다른 점이 있다'고 말하였다.

—《맹자요의》

선배 학자들은 '리'를 대소, 귀천이 없는 무차별적이고 평등한 것이라고 보았으나 다산은 오히려 천명은 인간과 짐승에 차별적·개별적이라고 함으로써 성즉리의 이론을 반박하는 것이다.

천명이 준 성은 획일적, 단일적, 동일적인 것이 아니라 오히려 차별적, 특수적, 개별적인 것이다. 그러나 성즉리라고 할 때는 천명이 준 성은 동질로서 획일적이고 비개성적이다. 따라서 다산은 천명을 리로 이해하려는 무차별적 전체성을 반대한다. 인간에게는 도의성이라는 인간만의 독특한 성이 있는 것이다.

2부

집중력으로
성공하는
공부

茶山 丁若鏞

혼자 공부해도
흐트러지지 않는다

다산은《맹자요의》(1814)에서 집중은 계신공구戒愼恐懼하여 신독愼獨하는 공부라고 말했다. 신독할 수 있을 때 마음을 어느 한쪽으로 치우치지 않게 집중할 수 있다고 본 것이다.

'계신공구'란 경계하고 삼가며 두려워하는 것이다. 경계하는 마음가짐으로 혼자 있을 때도 이 태도를 일관되게 유지할 수 있을 때를 '신독'이라고 한다. 이러한 신독이 있어야 집중하는 공부를 할 수 있다.

다산은《중용강의보中庸講義補》(1814)에서 이렇게 말했다.

과거 사람들은 진심으로 하늘을 모시고 진심으로 귀신을 섬겨서 하나의 움직이고 머무르고 생각이 일어남에도 참과 거짓, 선과 악을 경계하여 언제나 이곳을 살펴보고 있다고 하였다.

따라서 계신공구와 신독의 공부가 절박하고 진실하며 독실하여 하늘의 덕에 이를 수 있었다. 그러나 요즘 사람들은 천을 단순히 하늘이라 여기고, 귀신을 공력을 쓰고 조화의 흔적, 이기의 능력이라고 간주하여 무지몽매하고 지각이 없는 사람이 되고 말았다.

이렇게 되니 어두운 방에서 자신의 마음을 속이고 거칠 것 없이 방자하니 평생 도학을 공부해도 요순의 경지같이 될 수 없다. 이것은 모두 귀신의 이론에 밝지 못하기 때문이다.

혼자 있는 곳에서도 하늘이 지켜보고 있으니 언제나 두려운 마음으로 절실하고 독실하게 공부해야 한다. 혼자 있는 곳에서 방자하게 행동해서는 공부의 완성을 이룰 수 없을 것이라고 경계하였다.

다산은 도심을 찾는 공부에 대해서 '유정유일惟精惟一'이라는 표현을 자주 썼다. 사서삼경의 하나인 《서경》〈대우모大禹謨 편〉에 "사람의 마음은 위태롭고, 도의 마음은 은밀하게 숨어 있는 것이니 오직 정신을 하나로 모아야 그중을 붙들 수 있다人心惟危 道心惟徵 惟精惟一 允執厥中"는 말이 있다. 여기서 '정신을 하나로 모은다'에 해당하는 유정유일이 바로 '집중'에 해당한다.

유정유일은 인심과 도심을 분간해내는 노력이다. 이 노력은 매우 정밀해야 하는 것이니 마치 쌀 한 가마니에 숨어 있는 돌을 골라내는 것과 같다. 그렇게 해야 은밀하게 숨어 있는 도심을 찾아낼 수 있다. 공부를 한다는 것은 모래사장 속에 숨어 있는 금붙이를 찾아내는 것처럼 정밀하게 집중해야 하는 것이다.

이와 같은 표현으로 '주일무적主一無適'이라는 말도 있다. 송대 이후 유학자들의 대표 수양 이론인데, 마음을 한군데로 집중하면 잡념이라는 적이 생길 수 없다는 것이다.

망상에 사로잡혀서는 경쟁에서 이길 수 없고 좋은 성적을 낼 수 없다. 공부를 성공적으로 하려면 잡념을 버리고 주일무적해야 한다.

《한비자韓非子》에 나오는 이야기다.

중국 조나라의 양주는 왕자기王子期에게 말 다루는 기술을 배웠다. 어느 정도 배웠다고 생각한 양주는 왕자기에게 시합을 제안했다. 막상 시합에 나서보니 양주는 말을 여러 번 갈아탔는데도 이기지 못했다. 기분이 상한 양주는 왕자기를 힐난했다.

"나에게 기술을 제대로 가르쳐준 게 맞느냐?"

"기술은 전부 가르쳐드렸는데, 기술을 사용하는 방법이 잘못되었습니다. 말을 부릴 때는 말과 수레가 하나가 되어야 하고, 말을 부리는 사람의 마음과 말의 마음이 조화를 이뤄야 합니다. 그런데 선생께서는 조금 뒤지면 앞지르려 불안해하고, 조금 앞지르면 뒤질까 봐 초조해합니다. 말을 달릴 때는 앞서기도 하고 뒤서기도 하는 것인데, 선생은 말에 집중하지 못하고 이길 것만 생각하며 초조해하니 어찌 이길 수 있겠습니까?"

성적의 변화에 일희일비하거나 경쟁자를 지나치게 신경 쓰는 등, 잡념에 빠져서는 공부를 제대로 할 수 없다. 오로지 공부에 집중하려는 노력을 기울여야 한다.

혼자 있을 때도 누군가 지켜보는 것처럼 흐트러지지 않고, 주일무적으로 늘 한결같이 공부하는 것, 그런 신독의 자세라야 공부에 대한 집중력을 유지할 수 있고 원하는 성취를 얻을 수 있다.

이제부터 신독을 바탕으로 한 집중력의 관점에서 어떻게 공부를 해야 할지 하나씩 알아보자.

심력이 견고하면
태산도 옮길 수 있다

'젊어서 정신이 없는 자는 매로 고치고, 늙어서 정신이 없는 자는 보약으로 고친다'는 옛말이 있다. 젊어서는 혈기가 지나치게 왕성해서 문제가 되고, 나이가 들어서는 부족해서 문제가 된다는 말의 속된 표현이다.

젊어서 공부하는 데 가장 방해가 되는 것 중 하나가 혈기가 왕성해서 자신의 욕망을 주체하지 못하고, 가만히 자리에 앉아서 공부에 몰입하지 못하는 것이다.

청년기에는 혈기방장한 것을 잘 다스리는 것도 공부의 일환이고 나이 들어서는 몸을 잘 보양하는 것도 공부의 중요한 바탕이 된다.

네 형이 멀리서 찾아와 기뻤다. 그런데 며칠 동안 이야기를 나눠보니 전에 가르쳐줬던 경전 말씀에 대해서 좌우를 돌아보며 능히 대답하지 못했다.

아, 무슨 까닭이냐.

어린 시기에 화를 만난 이유로 혈기가 무너진 것인가. 아니면 정신을 수습하지 못한 까닭인가. 시시때때로 자신을 점검하기를 게을리하지 않고 내면을 수습하기에 힘썼다면 어찌 이 지경에 이르렀겠느냐. 한스럽고 한스럽도다. 네 형이 이와 같은데 너는 더할 것이다. 네 형 박海은 그나마 공부에 취미가 좀 있는 사람인데도 이 지경이니, 너처럼 공부에 손도 제대로 대지 않은 사람은 오죽하겠는가. 내가 집에 있으면서 직접 훈육하였는데도 너희들이 말을 듣지 않고 따르지 않은 것이라면 사람들이 사는 집에 늘 있는 일이라고 받아들일 수 있겠다. 그러나 이제 내가 멀리 귀양 가 있을 때 남쪽의 열병이 가득한 변방에 몸을 기대고 있는 시기에 내 온 기혈을 다하여 너희들에게 한 가닥 희망을 걸고 글을 적어서 부쳐주었건만, 너희들이 한 번 보고는 곽에다 던져 넣고 돌아보지 않으니 어떻게 이럴 수가 있단 말이냐?

아들이 묻는 말에 대답하지 못하고, 주의가 산만한 것을 보고 다산은 안타까운 마음이 가득하였던 듯하다. 스스로 마음을 다스리는 수행을 했다면 그 지경까지는 이르지 않았을 것이라고 질책하고 있다. '공부에 취미가 있는 형도 그런데 그렇지 않은 너는 어떻겠느냐'고 둘째 아들 학유까지 걱정하면서 아버지의 기대를 저버리지 말 것을 당부하고 있다.

적절한 운동으로 남아도는 기를 풀어주거나 무분별하게 뻗어나가는 기를 수렴하고 다스리는 요가, 명상 수행 같은 것을 병행하면서 혈기를 다스리는 것은 예나 지금이나 공부하는 젊은이들에게 꼭 필요한 실천적인 생활 방침이 될 것이다.

네가 10살 전에는 신체가 허약하고 질병이 많았는데, 근래에 듣자 하니 뼈와 근육이 단단하게 자랐다더구나. 역시 심력이 있어야 한다. 그래야 거친 밥도 잘 먹고, 고통스럽고 혹독한 일도 참아낼 수 있다. 무엇보다 가장 기쁜 일이니 사내가 독서를 하고 행실을 연마하는데 집안을 다스리고, 매사를 경영하고, 모든 일에 응하는 데 심력이 없다면 해낼 수 없는 것이다. 심력이 있어야 근면하고 민첩하게 되며, 지혜가 생겨나고 공업(功業, 공적이 큰 사업)을 이룰 수 있다. 진실로 마음을 견고하게 세워서 앞으로만 향하여 곧바르게 나아간다면 태산도 옮길 수 있을 것이다.

힘줄과 뼈마디가 단단해지는 것은 육체에 해당하는 것이다. 거친 음식을 마다하지 않고 잘 먹고 괴로움을 견딜 줄 아는 것은 정신력에 해당하는 것이다. 그것을 '심력'이라는 단어 하나로 일체화시켜서 이야기하고 있다.

과거 한의학은 마음과 몸을 일체화시켜서 보았다. 다산 역시 의서 《마과회통麻科會通》(1798)을 저술하고, 왕이 아플 때 불려가던 한의학의 대가였기에 그런 관점에서 정신력과 체력을 하나의 개념인 심력으로 보았을 것이다. 유학자의 특성상 마음을 근본적으로 보았을 것이니 심력을 갖춘다면, 부지런하고 지혜로워질 수 있다고 말한 것이 납득이 간다.

《대학》〈정심장正心章〉에 이런 말이 있다.

몸을 닦음이 그 마음을 바르게 함에 있다는 것은 마음에 분노가 있으면 그 바름을 얻지 못하고, 마음에 두려움이 있으면 그 바름을 얻지 못하며, 마음에 좋아하고 즐기면 그 바름을 얻지 못하고, 마음에 우환이 있으면 그 바름을 얻지 못한다.

마음이 없으면 보아도 보이지 않고, 들어도 듣는 것이 아니며, 먹어도 그 맛을 모른다. 이것을 일컬어 수신이 그 마음을 바르게 한다는 것이다.

'수신제가치국평천하修身齊家治國平天下'라고 할 때 수신修身 즉, 몸을 닦는다는 것은 바로 마음을 바르게 한다는 것이다. 몸과 마음이 하나의 이치로 돌아가고, 마음이 더욱 근본적인 것이기 때문이다.

'심력'을 현대 용어로 바꾸면 문자 그대로 '마음의 힘'이라고 할 수 있을 것이다. 마음의 힘에 관해 KBS에서 특별 기획 〈마음〉(2006)이라는 다큐멘터리를 만들고, 책《마음》으로도 출간한 적이 있었다. 마음의 힘에 대한 많은 연구 결과가 있었지만 한 가지만 옮겨보겠다.

'과학적 사고를 하는 사람은 상상 훈련으로 암을 고친다'는 말을 믿기 어렵다. 그러나 찰스 사이몬톤Charles A. Simonton 박사의 자료를 보자. 사이몬톤 박사팀은 159명의 말기 암 환자를 대상으로 상상 훈련을 한 결과 환자의 평균 수명이 24.4개월로, 상상 훈련을 배우지 않은 환자의 평균 수명 12개월에 비해 2배 이상 연장되었다고 한다. 암이 깨끗하게 없어진 경우는 14명으로 전체의 22.2%나 되었으며, 암 환자 가운데 51%는 생활의 질을 높일 수 있었다고 한다.

환상으로 치부될 수 있는 마음의 힘이 실제로 검증된 사례는 이외에도 숱하다. 다산은 체력과 정신력을 포괄하는 '심력'을 강조했다. 일전에 한 유명 작가가 책에 사인을 할 때 '생각의 힘은 강하다'라고 적는 것을 보았다. 좀 더 포괄적인 표현으로 이야기하자면 '마음의 힘은 강하다'일 것이다. 우리는 이렇게 유능한 심력을 길러야 한다. 어떻게 하면 심력이 강해질까? 이 심력은 삶과 공부를 대하는 흐트러지지 않은 태도 즉, 집중력을 바탕으로 자라날 것이다.

공부할 시간에는 공부했으니 나머지 시간은 방종한 생활 태도를 보인다면 체력과 정신력이 분산되어 오랫동안 공부하기 어려울 것이다. 규칙적으로 자신의 혈기를 다스리는 부단히 수행하는 삶과, 진폭이 크지 않은 항상성 있는 생활양식으로 심력을 길러야 일이든 공부에서든 태산도 옮기는 큰 성과를 낼 수 있을 것이다.

매일
꾸준히!

공부는 적게라도 매일 하는 것이 중요하다. 공부는 훈련이기 때문이다. 율곡 선생은 인간은 본시 맑고 깨끗하며 신령한 본성을 갖고 있으니자신의 기질을 얼마든지 바꿀 수 있다는 '교기질僑氣質'을 강조했다. 다산 역시 쉼 없는 공부를 강조했는데, 자신을 공부하는 기질로 만들기위해서 반드시 필요한 것이다.

내가 《예서》를 공부할 때 욕을 보고 형편이 딱하고 어려울지라도 매일 이책을 잠시라도 맛보는 것을 그만두지 않았다. 그 뜻이 정밀하여 마치 파의껍질을 벗겨내는 듯하였다. 네가 일전에 찾아왔을 때 너에게 말했던 것은태반이 거친 껍질로 근본적인 것은 아니었으나, 작년과 비교해보면 발전된데가 있었다.

생각해보면 진한 시대 이래 수천 년이 지난 후 요만遼灣에서도 동쪽 수천 리 밖에서 공자의 옛 법을 다시 돌이켜 얻는다는 것은, 역시 작은 일이 아니 것 같다. 비록 그것을 잘 따르고 완성한 다음 보내서 너로 하여금 근본을 익히게 하고 싶지만 여의치 못하다. 명언(名言, 이치에 맞는 훌륭한 말)과 지의(至義, 지극한 조리)에 대해서는 여전히 한스러울 따름이니, 말할 곳을 찾을 수 없다만 이 역시 어찌하겠는가.

다산 선생은 자신이 아무리 괴로워도 매일 해야 할 공부를 쉬지 않았다고 역설하며 자식에게 쉼 없는 공부를 하라고 독려하고 있다. 자신은 꾸준히 공부하여 이치의 정밀함을 기할 수 있었다고 했다.

'공자의 옛 법을 다시 돌이켜 얻는다는 것'은 당대의 기준으로 조선이라는 변방의 나라에서 성인의 철학을 배우기가 용이하지 않으니 더욱 겸허한 마음으로 공부에 열중해야 함을 강조한다.

일이든 공부든 모든 것을 오랫동안 중단하면 다시 본디 습관으로 돌아가기 매우 어렵다. 공부하는 사람, 학인學人은 공부하는 기질을 가진 사람이다. 그것을 위해서는 간단없는 공부를 통해서 공부 기질로 거듭나야 한다.

김연수라는 소설가는《소설가의 일》에서 소설가는 소설을 쓰는 동안 소설가라고 했다. 무척 단순한 말이지만 깊은 의미가 있다. 우리는 무엇인가 되기를 꿈꾸면서 실천으로 옮기지 않는다. 하루에 30분, 아니 1시간이라도 꾸준히 그 일을 해야 우리는 그 사람인 것이다. 공부를 성공적으로 완성하려면 공부하는 생각만 하는 것이 아니라 실천을 해야 하며, 급하게 성과를 바라지 말고 적게라도 꾸준히 장기간 해야 한다.

각고의 노력을 기울여 학문을 닦는 것을 '십년마일검(十年磨一劍, 여러 해를 두고 무예를 열심히 닦는다)'이라고도 한다.

중국 당나라의 시인 가도(賈島, 779?~843)는 이런 시를 지었다.

10년 동안 한 자루의 칼을 갈았네

서릿발 같은 칼날을 아직 써보지 못했으나

이제 그대에게 이 칼을 바치니

그 누가 공정하지 못한 일을 하겠는가

10년을 서릿발같이 갈고닦은 학문은 세상을 정의롭게 만드는 법이다. 양명학의 시조인 왕양명(王陽明, 1368~1661)은 '학문의 목적은 지식에 있지 않고 마음에 있다'면서 이 시를 인용하기도 했다. 오랜 공부는 지식을 얻게도 하지만, 정신을 하나의 검처럼 예리하게 만드니 그러한 사람은 반드시 세상을 위해서 크게 쓰일 일이 있는 것이다.

열린 태도로
집중한다

초창기에 독서를 하고, 공부를 시작할 때는 흠을 잡는 데 열중하며, 자신의 것을 경박하게 내보이기보다는 깊이 저자의 뜻부터 충분히 읽어야 한다. '세상에서 가장 쉬운 일이 비판하는 일'이란 말이 있다. 전반적인 체계를 이해하고 나서 옳고 그름을 분간하는 것은 필요하지만 작은 꼬투리 하나에 집착해서 경박하게 책을 덮고, 그 이론을 다 아는 체하면서 전체를 무시한다면 공부의 진전을 이루기 힘들 것이다.

하지만 문젯거리를 찾지 않는 닫힌 사고도 문제이니 항상 그 경계에서 중심을 잘 찾아야 한다. 다산은 이 문제에 대하여《도산사숙록》에서 퇴계의 편지를 이용해 자신의 생각을 정리한 바 있다.

퇴계는 이숙헌에게 답하는 편지에서 이렇게 말했다.

"숙헌이 전후에 논변한 바를 살펴보니, 항상 선대 유학자들의 말에 대해서 반드시 옳지 않은 바부터 찾아내고 나서 깎아내리는 일에 힘을 씁니다."

처음 공부하는 사람들이 경전을 공부할 때, 선생이나 장자에게 오가며 어려운 문제에 대해 물어보고 토론하려면 반드시 그 이론에 대해 착오가 있는 곳을 찾아내고 나서 질문을 할 수 있다.

율곡 선생이 당시에 선생에게 오갔을 때, 묻는 것이 부득이 이와 같았을 것이다. 다른 사람의 작은 흠을 찾아내서 새로운 견해를 내놓는 것은 분명히 큰 병이 되는 것이 맞다.

하지만 지혜와 절개를 버리고 구습을 답습하는 것 역시 실질적으로 얻는 것이 없다. 학자가 선대 유학자들의 학문을 공부할 때는 모든 곳에 의심을 품어야 한다. 성급하게 별도의 견해를 내놓지 말고, 역시 성급하게 과거의 공부를 답습해서도 안 된다. 오로지 자세하게 연구하고 이해해서 학설을 주장한 본래의 뜻을 얻는 데 힘써야 한다.

여러 번 반복해서 참고하고 조사해서, 환하게 모든 이치가 풀리는 체험을 하게 되면 묵연히 한 번 웃으면 되는 일이다. 혹 그 오류를 발견하는 일이 있으면 평상심을 갖고 용서하며, 순조롭게 이해하면서 말하면 된다. 모씨는 생각한 것이 견해가 이러하니 이처럼 설하였던 것이다. 지금 다시 살펴보면 마땅히 이처럼 말하여야 할 것이다.

착오가 있는 부분에만 연연하여 그것을 기회삼아 기뻐 날뛰면서 옛 학문을 물리치고 방자하게 말하기를 거리낌 없이 한다면, 모기령 같은 실수를 범하는 일이 될 것이다.

숙헌은 율곡의 자다. 율곡이 항상 선대 학자들의 문제점을 짚어내는 방식으로 공부하는 것에 대해서 퇴계 선생이 우려를 표한 글이다. 모기령(毛奇齡, 1623~1716)은 명말 청초의 학자로 매우 오만했다고 한다.

다산은 시대 특성도 있었겠지만 비판적이고 창조적인 공부를 한 사람이다. 그래서 퇴계 선생의 지적을 전적으로 받아들이기는 힘들었을 것이다. 공부를 할 때 질문을 놓치지 않는 것은 매우 중요하다. 하지만 작자의 실수에 대해서 너무 매달리지 않아도 된다. 저자가 말하는 본론을 잘 파악하고, 작든 크든 내가 배울 것이 있다면 하나라도 배우면 되는 것이다. 별도의 의견을 내지도 말고, 지나간 일로 제쳐버리지도 말아야 한다는 것이 핵심이다.

결론적으로 모든 선입견을 벗어나 의문을 놓치지 말고, 작은 것에 연연하지 않는 공부를 해야 좋은 성과를 낼 수 있다. 이렇게 유연한 방법 역시 상당한 집중력을 갖고 있어야 가능한 일이다.

끝까지
궁리한다

다산은 '책을 그냥 읽으면 1000번을 읽어도 읽지 않은 것과 마찬가지'라고 하였다. 계속 읽고 의문을 품으며 궁리를 해야 자신의 것이 된다는 것이다. 그 깊은 뜻을 끝까지 파고들어 가려 하지 않은 채 조급하게 성과를 내려고 하면 실패한다.

공자의 제자 자하(子夏, B.C.507~B.C.420?)가 드디어 벼슬을 얻어 거보라는 고을을 다스리게 되었다. 자하가 임지로 떠나기 전 공자를 찾아가 어떻게 마을을 다스려야 할지 물었다.

서둘러서 일을 이루려 하지 말고 작은 이익을 보려 하지 말라. 급하게 하면 일이 잘못되기 쉽고, 작은 이익에 연연하면 큰일을 이룰 수 없다.

공자는 자로에게는 쉽게 흥분하지 말고, 평상심을 갖출 것을 늘 강조했다. 자하에게는 자하의 기질에 맞는 조언을 해준 것이다. 하지만 그 조언은 보편적으로도 통한다. 대체로 작은 이익에 집착하는 사람은 큰일을 하지 못하고, 급하게 하려는 사람은 실수가 많다. 공부도 마찬가지다. 눈앞의 성과에만 연연하여 급한 마음에 수박 겉핥기 식이나 단순 암기식으로 공부하면, 공부의 큰 틀이 형성되지 않고 깊이 있는 공부가 없어서 공부가 늘지 않고 항상 고만고만하게 된다.

수년 전에 독서에 대해 어느 정도 알게 되었다. 그저 읽는 데만 열중하면 하루에 1100편을 읽어도 독서하지 않은 것과 같다. 독서는 한 글자를 읽더라도 분명한 도리를 밝히지 못한 곳이 있다면, 반드시 깊이 고찰하고 세심하게 연구해서 근본을 얻어야 한다. 이렇게 나아가 완성된 글의 전체를 설명할 수 있을 정도가 되어야 한다. 매일 이 일을 계속해야 한다. 이렇게 1종의 책을 읽고 겸하여 다시 100종의 책을 두루 살펴보면 본서(本書, 원래 읽던 책)의 도리를 꿰뚫을 수 있을 것이다.

책을 읽을 때 아무 생각 없이 읽으면, 읽지 않은 것이나 마찬가지다. 그 뜻을 모르는 곳이 있으면 알 때까지 깊이 있게 살펴보아야 한다. 이렇게 1권을 통독하고 나면 비슷한 유의 책을 읽을 때 도움이 된다.

《사기》〈자객열전刺客列傳〉을 읽다가 '기조취도(旣祖就道, 조를 끝내고 길을 나아가다)'라는 문장을 만났다. 그래서 '조祖라는 글자는 무엇입니까?'라고 물으면 스승은 '전별(餞別, 송별회) 행사'라고 말할 것이다. '왜 하필 조라는 글자로 그 뜻을 나타냅니까'라고 물었을 때 스승이 '상세히 모르겠다'고 말한다면, 집으로 돌아와 자서(字書, 옥편)를 꺼내어 '조'라는 글자의 본뜻을 살펴볼 것이다. 더불어 자서를 바탕으로 다른 책들까지 두루 살펴보고, 여러 주해를 참고해 근본을 탐구하고 말하고자 하는 지엽적인 의미를 가려서 찾아내도록 해야 한다.

이렇게 하면 전에는 하나의 물건도 제대로 아는 바 없던 네가, 그날부터 조제祖祭의 내력은 통달해서 아는 사람이 될 것이다. 학문에 큰 공로를 세운 대단한 학자라도 조제만큼은 너와 논쟁할 수 없을 것이다. 어찌 큰 즐거움이 아니겠느냐. 주자가 말한 격물(格物, 사물의 이치를 연구하여 궁극의 도에까지 도달하는 것)의 공이란 바로 이런 것이다.

다른 것도 이와 같다. 오늘 하나의 물건을 격格하고 내일 또 하나의 물건을 제대로 익히듯이 하나씩 밝혀내 궁극의 도까지 알게 되는 것이다. 단 하나라도 끝까지 연구하여 그 바닥에 도달하지 못한다면 이익이 되는 것이 없다.

모르는 것이 있으면 묻고, 답을 찾지 못하면 여러 자료를 검토하여 반드시 그 답을 찾아야 한다. 그러면 그 근본과 지엽적인 부분까지 본말을 모두 알게 될 것이다. 주자가 말한 격물치지格物致知에도 이 뜻이 있으니, 공부를 할 때는 중도에 흐릿하게 알고 넘어가는 것이 아니라 파고들어서 그 이치를 터득할 때까지 밀어붙여야 성과가 있다.

경박하게 드러내면
공부의 힘을 잃는다

말을 많이 하고 나면 속이 허해지는 경험을 해본 적이 있을 것이다. 특히 자신에 대한 이야기는 그렇다.

〈라이언 일병 구하기〉(1998)라는 영화를 보면, 중대장으로 분한 톰 행크스가 대원들과 이야기를 나누다가 아내에 대한 이야기를 들려달라고 하자 갑자기 말을 중단한다. 자신만의 추억으로 간직하고 싶다는 것이다.

답답해서 풀어야 할 이야기가 있고 조언을 구해야 할 이야기가 있으며, 가슴속에 품어야 할 이야기가 있다. 그런데 경박하게 자신의 모든 이야기를 하고 나면 오히려 기운이 빠지게 된다. 공부도 마찬가지다. 아직 덜 성숙한 것을 여기저기 보이면 공부도 힘을 잃게 된다.

학문의 샘이 차오르기 전에 퍼내기부터 하면, 자신의 힘이 고갈되고 마니 익을 때까지 경박하게 드러내 보이는 것은 좋지 못하다.

평생 큰 병이 있으니 생각하는 것이 있으면 쓰지 않을 수 없고, 쓴 것은 반드시 남에게 보여야 한다. 뜻이 이르는 데가 있으면 붓을 빌려 종이에 전개해나가니 잠시도 멈추지 않는다. 이런 것을 스스로 좋아하고 스스로 즐기니 혹시 조금이라도 문자를 해석할 줄 아는 사람을 만나면 가깝고 멀고를 헤아려볼 틈도 없이 그 사람에게 이 글이 편벽되었느냐 완성도가 있느냐를 급하게 물어본다.

그렇게 사람들과 한바탕 이야기를 나누고 나면 마음속은 빈 상자처럼 껍데기만 남은 것 같은 깨달음이 온다. 하나의 물건조차 머무르게 하고 지키지를 못한 것이다. 정신과 기혈이 사그라들고 흩어지며 새나간 것이다. 이렇게 해서 쌓이고 길러지는 것이 없으니 뜻의 밑바닥에는 나쁜 것만 남는다. 어떻게 신령한 본성을 함양할 수 있겠는가. 몸과 명예를 보호할 수 있겠는가. 근래에 조금씩 점검해보니, 바로 '경輕'과 '천淺'을 따른 탓이다. 이 두 글자는 덕망을 감추고 수명을 기르는 데 방해가 되는 것이고 큰 해만 있을 따름이다. 비록 말이 논리가 있고 문장이 아름다워도 어지럽혀지고 흩어지고 쪼개져서 점점 천박해지는 것이며, 사람들에게 존중받지 못하게 된다. 지금 선생의 말을 보니 느끼는 것이 많다.

다산 선생은 이 글을 통해 자신이 생각하는 것이 있으면 글을 기술하고, 글을 쓰면 항상 남에게 보여줘야 하는 버릇이 있다는 것이다. 그렇게 한바탕 자신의 글에 대한 품평을 나누고 나면 기혈이 흩어져서 축적되는 공부가 없다고 한탄한다.

'경천'이란 두 글자, 즉 경박한 것이 문제가 되어 공부 수준이 비루해져서 남의 존중을 받지 못한다고 스스로를 질책하고 있다. '덕망을 감추고 수명을 기르는 것'은 모두 능력, 품성, 체력을 축적하는 것을 말한다.

'술이부작述而不作'이라는 말이 있다. 성인의 말을 옮길 뿐 자신이 창작하지 않는다는 것이다. 충분히 공부가 익어서 힘이 생길 때까지는 함부로 자신의 의견을 드러내지 않는 것이 옛 선비들의 지혜였다.

경건함으로 돌아가
집중력을 유지한다

생각을 많이 하는 공부에 너무 빠지면 혼란스럽고 피로를 느끼게 된다. 그럴 때는 적절한 휴식을 취하는 것이 좋다. 그러고 나서 생각을 바로잡고 집중하기 위해 마음을 경건하고 편안하게 해야 한다.

정존靜存과 동찰動察은 함께 이루는 것이다. 정존할 수 없다면 동찰할 수 없다. 그렇다면 정존의 공은 어떻게 힘을 쓸 수 있는가. 주경主敬을 근본과 몸체로 삼아야 한다. 궁리를 용用과 말단으로 삼아야 한다. 궁리는 현묘하고 오묘한 이치를 연구하고 탐색하여 만물에 대응하는 것이 아니다. 매일 사람이 마땅히 행해야 하는 것을 말한다. 모두 법도와 이치를 헤아리는 것으로 묵연히 안으로 판단하는 것이다.

아버지가 어떤 명령을 내리면 그 도리를 헤아려 어떻게 순종할 것인가. 임금이 어떤 일을 시키면 어떻게 받들 것인가. 전쟁이 일어난다면, 호랑이나 승냥이나 도둑들을 만난다면, 어떻게 대응해야 할 것인가. 일일이 정해진 계획을 세우는 것이다. 그렇게 한 이후에 일을 맡아 쓰이게 됨을 능히 기다릴 수 있을 것이다.

정존을 통해서 통찰을 해야 일의 순서가 틀리고 혼란에 빠지는 병을 면할 수 있을 것이다.

만약 헤아리는 것을 분수에 지나치게 하여 망상에 빠지면 함양하는 공부에는 방해가 될 것이다. 따라서 항상 깨어 있음으로 제방을 쌓아두어야 하는 것이니, 평소에 경敬 자를 내부에 부지런히 쌓아야 정존의 진정한 경지를 만날 수 있을 것이다.

여기서 '경건함'이란 생각의 한쪽으로 감정이나 사고가 편중되지 않아서 정신이 맑은 것이다. 우리의 공부라는 것이 대체로 분간하는 것이다. 이것이 옳고 이것이 그르고, 이것과 저것은 어떻게 다른가라고 분간하는 것이다. 그렇게 분간하는 것을 '헤아림'이라고 표현했다. 생각이 많아지면 샌님들이 허약해지는 것처럼 머리만 커지고 기력과 균형을 잃게 되니 예민해지고 약해져서 공부를 지속하기 힘들게 된다.

집중력을 유지하기 위해서 잠시라도 주의를 환기하여 일시적으로 생각을 비우고 경건함을 갖는 시간이 필요하다.

몰입의
즐거움

잡념을 버리고 집중하여 정신을 경건하고 맑게 유지하면, 통찰력과 직관이 발달하게 된다. 일상적인 논리로 해결하기 힘든 창의적 문제는 직관과 통찰력으로 해결할 수 있다. 생각지도 못한 아이디어로 힘든 문제를 해결하는 데 마치 어떤 영적인 존재로부터 가르침을 받는 것 같은 느낌이 든다. 그것을 '영감'이라고 하는데, 오랫동안 고도로 집중했을 때 가능하다.

용鏞이 《역》을 공부하고 예법을 연마하기 시작하여 모든 경전에 미쳤을 때는 매일 깨달음을 얻었다. 마치 신명이 묵연히 알려주는 것과 같아서 다른 사람에게 알려줄 수 없는 것이 많았다. 그 형 약전이 흑산도에 귀양 갔을 때, 1편을 만들 때마다 그 모습을 보고 이렇게 말하였다.

"이 경지에 이른 것은 너 자신도 알지 못할 것이다. 아, 도가 1000년 동안 사라져 온갖 덮개로 가려져 사람이 무지몽매하게 되었는데, 그것을 모두 헤쳐내고 끌어내서 환하게 밝혔으니 어찌 너 혼자 할 수 있는 일이겠는가."

자서전에 해당하는 〈자찬묘지명自撰墓誌銘〉에 실린 내용이다. 진리가 1000년 동안 온갖 덮개로 가려져 있었는데, 환하게 드러낸 것은 '네가 한 것이 아니라 하늘이 한 것'이란 뜻이다. 정약용의 형 정약전은 특히 다산의 《역경》에 대한 주해에 놀라움을 금치 못했다. 괘와 효를 다루는 《역경》은 천하의 이치를 수학적으로 다루는 경전이므로 더욱 그런 인상을 강하게 받았을 수 있다.

다산 역시 《역경》과 예학을 공부하면서 신명이 깨우쳐주는 느낌까지 받았다고 한다. 실제로 동서양을 막론하고 뉴턴이나 데카르트 같은 천재 학자들이 꿈속에서 영감을 받아 앞날을 예지하거나, 풀리지 않던 문제를 해결하는 경우가 많았다. 아마도 그 천재들의 공부에 대한 강력한 집중력이 잠을 자고 있는 동안에 유지된 덕분일 것이다.

이 몰입과 집중력이 영감이 되어, 마치 신명이 알려주는 것 같은 공부의 진전을 이뤘던 것이다. 공부를 좋아하고 맛을 알아서 집중하게 되면 순풍에 돛단 듯이 신바람 나는 공부의 진전을 이룰 수 있다.

다산 인성론 2

만물의 본성은
어떻게 다른가

성기호설性嗜好設은 정약용의 대표 철학이다. 간략화하면, 인간에게는 영지靈知에 대한 기호와 형구(形軀, 육체 또는 몸)에 대한 기호 2가지가 있다. 영지의 기호는 인간만이 가지고 있는 도덕적 본성이며, 형구에 대한 기호는 육체적 욕망을 추구하고 안일함을 바라는 것으로 동물도 가지고 있는 기질적 본성이다.

성기호설을 바탕으로 만물의 본성은 어떻게 다른지 생각해보자.

성의 근원은 '천명'에 있었다. 천명은 우리 인간에게 도의지성(道義之性, 도심道心)과 기질지성(氣質之性, 인심人心)을 주었다. 도의성은 선을 지향하는 것이요, 기질성은 하고자 하는 욕심을 마음대로 하는 것이다. 전자가 참다운 인간성이라면 후자는 금수성이라고 볼 수 있다.

다음은《논어고금주》에 실린 다산의 글이다.

성이란 본심이 좋아하고 싫어하는 것이다. 보충하기를 덕을 좋아하며 악을 부끄럽게 여기는 성은 성인이나 호랑이나 다 같은 것이다. 이 때문에 서로 가깝다는 것이다.

성이란 인심의 기호다. 푸성귀와 나물이 사람의 똥을 즐기는 것과 같고, 연꽃이 물을 즐기는 것처럼 인간의 성은 선善을 즐기는 것이다.

다산은 천명이 만물에게 준 성이 있는데, 이 성은 종류에 따라 다르다고 한다. 즉 채소는 사람의 똥을 좋아하고 새는 산을 좋아하며 사람은 선을 좋아하는 것처럼 각각 좋아하는 것이 다르다. 그러면 인간은 어떠한가. 인간도 유개념(類槪念, 일족·동류·일반성)으로는 동일하지만 종개념(種槪念, 각기 다른 종자·특수성)은 갑, 을, 병이 있고 백인, 흑인, 황색인이 있는데 이들의 개별적 성격이 다 다르지 않겠는가.

그러므로 어떤 사람은 고기를 좋아하고 어떤 사람은 채소를 좋아한다. '만일 좋아함이 성이라면 음식과 색욕을 즐기는 것도 성인가'라는 질문에 다산은 이렇게 대답하였다.

인심에 기호함이 있다는 것은 육체에 특정 기호가 있는 것과 유사한 것이니 내가 기호한다는 것은 육체에 있는 기호를 차용해서 내 마음이 좋아하는 것이 있음을 증명하려고 했을 따름이다.

—《답 이여홍》

이렇게 다산은 육체의 기호함이 아니라 그것은 비유일 뿐이며, 인심의 기호함을 말하고 있다.

　성이란 기호다. 육체[다산은 형구(形軀, 몸)라고 표현]의 기호가 있고, 영
지(靈知, 신령한 지혜 또는 영적인 지혜)의 기호가 있는데 다 같이 '성'이라고
한다. 그러므로 〈소고召誥〉에서 '성을 절제한다' 하였고, 〈왕제〉에서는 '민생
들의 성을 절제한다' 하였으며 《맹자》는 '마음을 움직이며 성을 견디어낸
다' 하였다. 귀, 눈, 입, 육신의 기호를 가지고 성이라 하였으니 이는 육체의
기호다. 반면 천명의 성이라거나 성과 천도라거나 성선, 진성이라고 하는
성들은 영지의 성이다.

— 〈자찬묘지명〉

　기호에는 육체의 기호, 육체가 좋아하는 기호가 있고, 영지의 기호로
서 인간 정신이 좋아하는 기호도 있다. 따라서 천명의 성은 육체의 기호
뿐 아니라 영지의 기호를 말하는 것이다. 그러면 인간의 정신은 무엇을
좋아하는가. 선을 좋아하고 악을 부끄럽게 여긴다.
　한편 '마음을 움직이며 성을 견디어낸다'는 《맹자》의 말을 인용하여,
'정신의 기호가 육체의 기호를 이길 수 있다'는 정신 우위의 입장을 드
러내고 있다.
　정신을 본성으로 보았을 때, 이것은 '천명'이다. 이와 더불어 육체의
매개체로 심心을 말할 수 있는데, 이때의 심은 본심과 인심으로 나눌 수
있다. 이 본심은 도심으로 정신같이 천명이 주어진 것이다. 따라서 《중
용자잠中庸自箴》에서 "심에 즉(卽, 곧바로)하여 성을 설명하면 도심을 통하

여 본성은 발현되는 것임을 알 수 있다"고 하였다.

다산은 심성을 이렇게 말했다.

심성은 아주 정미한 것이므로 취함의 입장에 차이가 있다. 그러므로 그 자의字意부터 밝혀 구분해야 한다. 옛 경전古經에 의하면 허령한 본체 면에서는 대체(大體, 큰 신체로 유교 철학에서는 정신을 말하며 반의어는 소체小體)라고 한다. 대체가 발하는 것을 곧 도심이라 부르고, 대체의 호오(좋음과 싫음)를 따질 때는 성이라 부른다. 천명의 성은 사람에게 처음 덕을 좋아하고 부끄러움을 알게 하는 것이다.

─《논어고금주》

여기서 대체니 도심이니 성이니 하는 것들은 모두 하나를 여러 가지 표현으로 한 것에 지나지 않는다.

결론적으로 성은 도심이지만 본체 면에서는 성이라고, 활용 면에서는 도심이라고 일컫는다. 도심은 곧 도의道義의 성이며, 이는 오직 천명으로 선만을 지향하도록 주어졌던 것이다.

다산은 성기호설을 설명하면서 그 방법이 자연주의적이다. 즉 자연적 용어를 좋아한다, 싫어한다는 언어로 설명하고 있다. 그렇기에 좀 더 깊이 있는 통찰을 하지 않는다면 식食도 좋아하는 것이요 색(色, 성욕)도 좋아하는 것이니 여기에서 천명으로서 성이 주어진 것이라면, 악도 천명에 의해 주어진 것이 아닌가라는 의심이 생길 수도 있을 것이다. 이것은 자연론적 성론性論이라고 할 수 있는데 이렇게 이해하면 오류가 발생

한다.

다산의 인성론은 자연론적이라기보다는 절대론에 가깝다. 인간에게 주어진 성으로서 좋아함이란 단지 선을 좋아할 뿐이라는 것이다. 오직 그 좋아함을 설명하기 위해서 자연에 비유해 설명한 것뿐이다.

성기호설은 이처럼 성, 본성이라고 하는 것은 마음의 좋아함을 말하고, 만물의 본성이 각기 좋아함이 다 다르다는 것을 역설하고 있다.

3부

공부의
근본,
독서법

茶山　丁若鏞

바라는 것은
오직 독서뿐

불교나 도가의 수행으로 막연하게 본성을 돌아보는 것보다 공부, 독서하는 것이 낫다는 것이 다산의 주장이다. 이것은 성리학이 아닌 근본적인 유학의 관점과 맥락이 통하는 것이다.

《논어》에서 공자는 이렇게 말했다.

내가 일찍이 하루 종일 먹지 않고 밤새 잠을 자지 않으면서 사색을 해보았으나 전혀 이로움이 없었으니 공부하는 것만 못하였다.

사색, 사유만으로 자신의 본성을 찾으려 하는 것이 책을 읽으면서 공부하는 것보다 낫지 않다. 이것은 유교의 근간이 되는 철학 중 하나로 불교와 가장 대별되는 지점이며, 공자와 다산의 공통 생각이었다.

다산은 쉼 없이 자식들에게 독서의 중요성을 강조하고 있다. 독서를 해야 사람답게 살 수 있고, 독서를 하는 것이 효도를 하는 길이며 성인이 되고 성공하는 길이라고 강조한다. 독서를 하는 것만이 폐족이 된 일가를 다시 일으켜 세울 수 있다고 믿었다.

내가 매일 밤 기원하는 것이 있다면, 오직 문아文兒가 독서하는 것이다. 문아를 선비로 만들기만을 가슴속에 품고 있으니 또 바랄 게 있겠는가. 부디 밤낮으로 독서해서 나의 고심을 덜어주길 바란다. 팔이 불편해서 이만 쓴다.

(중략)

너희들은 자신들의 도와 덕이 완성되었다고 생각하여 다시 책을 읽지 않는 것이냐? 이번 겨울에는 《상서尙書》에서 《예기》까지, 읽지 않은 부분을 독서하는 것이 좋겠구나. 사서에서 사기까지 다시 익히는 것도 좋다. 역사서는 몇 편이나 써보았느냐? 근기를 두텁게 다져야 하고 소소한 광채는 숨겨야 한다. 바라고 또 바란다. 내가 저술에만 전념하여 너희들을 공부시키려는 것은 눈앞의 근심을 망각하기 위해서가 아니라 부형으로써 부끄럽기 때문이다. 어려움을 남긴 것에 대해서 속죄하기를 바라는 마음뿐이니, 어찌 나의 뜻이 깊지 아니하겠는가.

유배지인 장기에 도착하여 두 아들에게 보낸 편지 내용이다. 다산은 아들들에게 '밤낮으로 오직 바라는 것은 독서뿐'이라고 하였다. 도와 덕이 성립되는 것처럼 '공부를 완성하는 것은 원대한 일인데, 어떻게 분발하지 않는 것이냐'며 다그치고 있다.

자신이 저술을 쉬지 않고 아들들에게 독서를 강조한 것은 서학에 빠진 실수로 말미암아 폐족이 된 탓이라 여기고, 절박한 마음으로 분발하기를 바란 것이다. 다산의 다음 글을 보면 '독서만이 오롯이 자신에게 효도하는 것'이라고 말한다.

천지간에 홀로 살면서 운명처럼 의지하는 것은 문묵(文墨, 시문을 짓거나 시화를 그리는 일)뿐이다. 한 문장, 한 구절, 뜻을 얻는 곳을 만나면 스스로 읊조리고 감상한다. 그러고 나서 '천지간에 너희들에게만 보여주는 것이 옳겠구나'라고 생각한다. 그런데 너희들의 생각은 연나라나 월나라처럼 멀리 떨어져 있으니, 문자 읽는 것을 쓸모없는 변모(弁髦, 관례가 끝나면 버려지는 것들) 따위로 여기는구나.

세월이 흘러 수년 동안 너희들의 기골이 장대해지고 수염을 기르면, 내 얼굴 보는 것도 꺼리게 될 텐데 아버지의 책을 읽으려고나 하겠느냐?

조괄이 아버지의 책을 열심히 읽었으니 훌륭한 자식이라고 생각한다. 너희들이 독서에 정녕 뜻이 없다면 내가 쓴 책들은 쓸모없는 것이 되고, 그렇게 된다면 나는 할 일이 없어지는 것이다. 앞으로 마음이 어두워져서 진흙으로 빚은 토우처럼 될 것이니 열흘도 지나지 않아 발병하게 될 것이다. 그 병은 모든 약이 무효일 것이니 너희들은 부디 독서를 하라. 독서만이 나를 살리는 길이다. 이 점을 생각하고 또 생각하라.

'조괄'은 춘추 전국 시대의 명장인 조사의 아들이다. 어린 시절부터 아버지와 병법에 대해서 토론할 정도로 뛰어났다. 하지만 조사는 아들이 이론에만 치우치는 것을 보고 크게 걱정하였다. 후일 그 아들이 장군이 되어 진나라 군사와 싸웠으나 대패하였다. 이러한 병통이 있는 조괄일지언정 아버지가 쓴 병서를 열심히 읽었으므로 조괄이 국가에 소임을 다하지는 못했더라도 한 가정의 효자임은 분명하다는 것이다.

다산은 대학자였고 저서가 워낙 많아서 다산이 쓴 글을 읽는 것이 곧 당대 유학자들의 최신 지식을 공부하는 것이었다. 그러니 다산이 쓴 책을 읽지 않는 것은 자신을 토우(土偶, 흙으로 빚은 우상)처럼 만드는 것이라며 경각심을 불러일으킨다.

정조가 승하하고 유배를 간 다산은, 오직 독서를 통해서 자신의 가치를 찾고 결국은 대학자가 되었으며 훌륭하게 자식들을 길러냈다. 그렇기에 자식들에게도 오직 독서를 하는 것이 아비의 목숨을 살리는 길이라며 절박하게 권하고 있다.

독서를 통해서 삶의 가치를 찾는 일이 비단 과거의 일만은 아니다. 현대에도 책을 통해 지식 정보를 습득하는 일은 아주 중요하다. 온라인에 떠도는 검증되지 않은 정보가 아닌 전문가들의 오랜 지식이 축적된, 정확하고 깊이 있는 정보는 오직 책을 통해서만 접근할 수 있다. 따라서 지식 산업 사회를 살고 있는 우리들에게 독서는 가치 있는 일이다. 어쩌면 계층 간의 격차가 점점 커지는 우리 사회에서 신분 상승을 할 수 있는 유일한 방법이 독서일지도 모른다.

현대 경영학의 아버지라고 불리는 피터 드러커Peter F. Drucker는 《넥스트 소사이어티》에서 이렇게 말했다.

지식 사회는 상승 이동이 실질적으로 무제한 열려 있는 최초의 인간 사회다. 신분 상승의 제한이 사라진 최초의 사회다. 지식은 물려받을 수도 물려줄 수도 없기에 다른 어떤 생산 수단과도 그 성격이 다르다. 지식은 모든 개인이 새로이 습득하지 않으면 안 되고, 모두가 똑같이 무지한 상태로 출발한다.

(중략)

지식 사회는 상승 이동에 대한 모든 장애물을 차별이라고 간주한다. 즉 지금은 모든 사람이 성공을 기대할 수 있는 사회라는 의미다. 이런 생각은 이전 세대들에게는 있을 수 없는 것이었다.

다산처럼 독서에 열중하고 독서에서 최고의 가치를 찾는 것은 케케묵은 과거의 일이 아니다. 우리는 우리 앞에 주어진 현재와 미래를 위해서 독서를 해야 한다. 지금부터 절박한 심정으로 독서를 강조하고 평생 방대한 독서를 한 다산의 독서법을 살펴보자.

폐족도 살리는
독서

　다산은 유학자인데도 우리가 생각하는 선비들의 이미지와 달리 일생 실용적이고 현실적인 사고방식으로 살았다. 출세나 결혼 가문에 대한 관점도 마찬가지였다. '가문이 무너져도 남들처럼 결혼하고, 가문을 이어나가려면 반드시 독서를 바탕으로 공부해야 한다'고 생각했다.

　'일경지훈―經之訓'이라는 말이 있다. 큰 유산보다 하나의 경전이 낫다는 말이다. 중국 한나라의 위현(韋賢, BC 144~BC 62)은 아들들에게 경전을 읽혀 높은 벼슬에 오르게 만들었다. 이 모습을 보고 사람들이 자손에게 천금의 재물을 남기는 것보다 경전 1권을 남기는 것이 유익하다고 말하면서 나온 고사다. 큰 재물은 남에게 빼앗기거나 재앙으로 변하기 쉽지만, 경전에서 얻을 수 있는 지혜는 빼앗아갈 수 없다. 독서 습관은 최고의 교육 유산이자 남이 훔쳐갈 수 없는 보물을 소유하는 것이다.

이번 달부터 마음이 더욱 난감하다. 너희들의 의지를 보니 문장 공부를 할 생각이 없는 것 같구나. 정말 비천한 일개 노예로 전락하려는 것이냐? 청족 이라면 글공부를 하지 않아도 혼인을 할 수 있고, 군역도 면할 수 있을 것 이다. 폐족이 글공부를 하지 않으면 어떻게 하겠다는 것이냐? 문장은 그렇 다 치더라도 학문을 하지 않고 예의가 없다면 금수의 길로 가는 것이다. 폐족 중에 왕왕 특별한 기재가 많이 나타나는데, 다른 이유가 있는 것이 아 니라 과거의 폐단에 얽히지 않기 때문이다. 과거로 출세할 수 없다며 좌절 하지 말고, 경전 공부에 힘써서 책 읽는 자손이 끊어지지 않도록 하여라.

자식들의 뜻이 나아가는 방향을 보니 공부에 뜻이 없는 것 같아서 이러다 노예가 되려는 것은 아닌지 걱정이 이만저만이 아니라는 말로 공부를 독려하고 있다. 공부를 위한 동기 유발을 하려면 시험에 얽매이 지 않는 기간에 독서하고, 그 독서를 바탕으로 큰 인물이 될 기회로 삼 으라고 강조한다.

지금으로 따지면 태어난 집안이 좋고 부유하여 물려받은 재산이 많 다면 남들처럼 살 수 있겠지만, 그렇지 못한데 공부마저 하지 않으면 노 예 같은 상황에 처하게 될 것이라는 말이다.

어려운 집안을 일으키고 번듯한 집안의 이성과 결혼해 가족을 건사 하려면 공부를 열심히 해야 하고, 그 근본은 독서라는 말이다. 다산은 제자 윤혜관尹惠冠에게 주는 글에서 이렇게 말했다.

오직 독서만 위로는 성현을 따라가 짝할 수 있고, 아래로는 백성을 길이 밝게 깨우칠 수 있다. 어두운 곳에서는 귀신의 정상(情狀. 있는 그대로 상태)과 통달할 수 있으며 밝게 왕도와 패도의 계책과 모략을 도울 수 있다. 짐승과 벌레를 벗어나 큰 우주를 지탱할 수 있으니 이것이야말로 사람의 본분이다. 《맹자》는 '그 대체大體를 기르는 사람은 대인이요, 그 소체小體를 기르는 사람은 소인이라 금수와 크게 다를 바 없다'고 했다. 만약 내 몸을 따뜻하게 하고 배를 불리는 데만 뜻이 있고 평생 안락하게 살다가 죽는다면, 죽어서 시체가 차가워지기 전에 이름이 먼저 사라질 것이니 금수나 마찬가지다. 금수 역시 그것을 원하는 바다.

여기서 '대체'는 정신과 지혜를 말하며 '소체'는 육체를 말한다. 어떻게 보면 독서와 공부에 대해서 세속적이라고 할 정도로 현실적인 관점에서 접근하고 있는데, 현대의 우리에게도 주어진 피할 수 없는 현실이기도 하다.

물어가면서
책을 읽는다

독서뿐 아니라 공부의 태도에서 의문을 해결한다는 것은 중요한 태도다. 참고서를 읽거나 문제집을 풀 때 모르는 부분이 있으면 어떻게든 해결하는 학생이 있고, 대충 넘어가는 학생이 있다. 훑고 넘어가는 듯이 공부하는 학생은 아는 것을 확인하고 쉬운 것만 암기하는 수준의 공부에 그친다. 모르는 부분을 알아내고 익히는 것이 공부의 핵심인데 그런 태도로는 좋은 성과를 낼 수 없다. 독서 역시 마찬가지다.

지금까지 너희들에게 편지로 공부에 힘쓸 것을 권하고 격려한 것이 여러 차례다. 그런데 너희들은 한 번도 경전經傳, 예악禮樂, 역사책에 대해 의문이 될 만한 것을 한 조목도 물어보는 적이 없다. 어찌하여 너희들은 내 말을 귀담아듣지 않는 것이냐?

공부에 힘쓰는 자는 반드시 의문이 생기기 마련이고, 그 의문은 어떻게든 해결하려 해야 한다. 물론 의문이 생길 때마다 즉각 해결해야 한다는 말은 아니다. 책을 읽다가 의문점이 있다면 표시해놓고 일단 다음 페이지로 넘어가는 것이 좋다. 책의 뒷부분을 읽다 보면 앞부분도 자연스럽게 해결되는 경우가 많다.

하지만 의문점이 있다면 반드시 체크해둔다. 책 전체를 다 읽었는데 해결되지 않는 부분이 있다면 다른 책을 통해서든 선생님을 통해서든 해결하려고 애써야 한다.

이렇게 꼼꼼하고 철저하게 의문을 해결해야 좋은 성과를 낼 수 있다. 어쩌면 이 태도는 누가 권하지 않더라도 학문을 성취하려는 강력한 동기가 있는 사람에게는 매우 자연스러운 습관이다.

다음으로 자신이 모르는 것을 물어보면 학문에서 좋은 관계를 형성할 수 있다. 외국의 한 청년이 사업에 실패하고 큰 절망에 빠져 있었다고 한다. 자책에 빠져서 시간을 보내던 어느 날, 뭐라도 해보자라는 생각으로 유명한 사업가 100명에게 이메일을 보냈다고 한다. 이러저러한 과정을 거쳐서 실패를 했는데, 앞으로 어떻게 해야 할지 모르겠다는 내용이었다. 그 청년은 메일을 보내고 나서 별다른 기대를 하지 않았다고 한다. 며칠 뒤 또는 길게는 한두 달 뒤에 답장이 하나둘 오기 시작했다. 어떤 사업가는 적극적인 도움을 제안하기도 해서 청년은 재기할 수 있었다고 한다.

청년의 겸허하고 진솔한 물음이 사업가들의 마음을 움직인 것이다.

어떤 문제든 겸손한 마음을 가지고 스승으로 삼을 생각으로 다가가면 의외로 도와줄 수 있는 사람이 많다.

제나라 관중(管仲, ?~BC 645)이 환공과 함께 고죽이라는 나라를 정벌하러 갔을 때의 일이다. 봄에 진군하여 겨울에 돌아왔는데 그만 길을 잃고 말았다. 그때 관중이 꾀를 내었다. 늙은 말의 지혜를 빌리면 될 것이라고 판단하여 말을 풀어준 것이다. 역시나 그 말의 뒤를 따라갔더니 길을 찾을 수 있었다. 관중 같은 춘추 시대 최고의 전략가도 짐승인 말의 지혜에서 도움을 얻은 것이다. 하물며 어린아이에게도 배울 것이 있는 법이니 늘 겸손하게 스승을 구해야 한다.

적극적으로 문제를 해결하려는 데서 사람들은 가능성을 발견하고 도와주려는 마음을 갖는다. 다산 역시 자녀들에게 '적극성'을 강조했다.

《고려사高麗史》에 대한 공부는 아직 손대지 않았느냐? 나이 어린 사내는 사려 깊은 생각과 인생에 대한 달관이 없는 것이 한스러운 것이다. 네가 보낸 편지 중에 이런 내용이 있었다.
'의문스럽고 답답한 점이 있어도 질문할 곳이 없어서 한탄스럽다.'
이러한 마음이 진실이라면 의문을 감당하기 어려운 것이며, 생각이 떠올라 견디기 어렵다는 것인데 왜 조목조목 나에게 열거하고 기록해서 보내지 않는 것이냐? 부자가 사제지간이 되는 것이 어찌 즐거운 일이 아니겠느냐?

물론 가족도 아닌 전혀 모르는 사람에게 자신의 어려운 문제를 상의하는 것은 쉬운 일이 아니다. 하지만 진심은 사람을 움직이는 법이다. 사기를 치려고 한다거나 쉽게 남의 것을 자기 것으로 만들려는 것이 아니라면 아마도 틀림없이 도움을 주려는 사람이 있을 것이다. 학문이든 사업이든 사람의 일이라는 것이 성공하려면 모두 주고받는 관계에 달려 있기 때문이다.

공부도 마찬가지다. 사람을 통해 모르는 것을 묻고 답하는 과정에서 좋은 사제 관계나 교우 관계를 구축할 수 있고 그것이 학문을 하는 데 두고두고 큰 힘이 될 수 있다.

한마디로, 묻고 답하는 형태의 공부는 일방적인 공부가 아닌 상호적인 공부를 가능하게 한다.

사제 간에 더욱 수평적인 관계를 형성하고 일방적으로 전달하는 형태가 아닌 상호적인 공부, 토론 형태의 공부는 앞으로 우리 교육계에서 점점 더 중요해질 것이다. 서구에서는 오랫동안 토론 문화가 있었는데 수직적인 문화에 갇혀 있던 우리도 이제는 그 길을 밟아가고 있다.

토론 문화와 관련 있는 일화가 있다. 중세 파리대학 교수였던 피에르 아벨라르(Pierre Abélard, 1079~1142)는 신에 대한 절대적 진리를 일방적으로 전달받는 데 염증을 느꼈다. 그래서 한 방향으로 전달받기만 하는, 습득하는 방식의 강의가 아니라 서로 의견을 주고받는 토론 형태의 교육을 제안했다. 아벨라르 교수의 교육 방식은 큰 인기를 끌었지만 정부는 못마땅하게 여겼다. 아벨라르 교수를 내쫓을 합당한 이유를 찾지 못한 정부는 그의 교육을 중단시키기 위해서 파리의 모든 땅에서 강의를 금지하는 희한한 지침을 내린다. 그러자 아벨라르는 나무 위에서 강의를 이어나갔다. 이번에는 정부에서 모든 땅과 나무에서 강의를 못한다는 지침을 내렸다. 그러자 아벨라르는 강에 배를 띄워서 강의를 했다고 한다.

부자간에도 사제지간을 형성하여 묻고 답하기를 바랐던 다산의 정신을 되새기며, 우리도 공부를 할 때 적극적이고 상호적인 방식으로 전환하는 자세를 가져야 한다.

고전을 중심으로
두루 읽는다

책을 읽을 때 베스트셀러만 찾아서 읽는 사람도 있다. 하지만 공부하기 위해 많은 책을 읽는 사람, 책이 좋아서 방대한 독서를 하는 독서광들은 넓은 시야를 갖고 책을 고른다. 처음에는 기호에 따라서 책을 집어든다. 자신이 좋아하는 책 위주로 읽는 것이다. 그 책을 읽다 보면 참조한 책들을 만날 수 있다. 그러면 궁금해서 참조한 책들을 다시 찾아 읽는다. 그 책에서 또다시 소개하는 책들을 찾아서 다른 책들을 찾아 읽게 되고 점점 독서량이 방대해지고 깊이 있는 공부가 가능하게 되는 것이다.

책을 찾아 읽을 때 공통적으로 만나게 되는 책들이 있다. 바로 '고전'이다. 그래서 책을 좋아하고 다독하는 사람은 자연스럽게 고전을 읽게 되는 것이다. 물론 고전이 아니어도 많은 학자나 저자들이 소개한 책들,

참조한 책들은 현대판 고전이라고 할 수 있다. 그래서 고전을 읽어야 하고, 고전을 중심으로 두루 읽어야 깊이 있는 지식을 쌓을 수 있다.

수십 년 이래 일종의 괴이한 지론으로 우리나라 문학을 배척하는 풍조가 심대하니 선배들의 문집에는 눈길도 두지 않는다. 이것은 큰 병이니 사대부 자제들이 우리나라 조정의 고사故事를 알지 못하고 선배들의 의론議論을 공부하지 않는다면, 비록 그 학문이 고금을 관통하였더라도 저절로 황무지처럼 거칠게 될 것이다.

시집詩集은 급하게 보지 않아도 되니 상소문, 차자箚子, 묘문墓文, 편지글 등을 읽어 안목을 넓혀야 할 것이다. 《아주잡록鵝洲雜錄》, 《반지만록盤池漫錄》, 《청야만집淸野謾輯》 등도 두루 구해서 널리 살펴보지 않으면 안 될 것이다.

고전이나 역사를 두루 많이 공부하지 않고서는 외래의 공부를 아무리 많이 하더라도 공부가 조잡하고 비루해질 것이라고 경계하고 있다. 하나에 얽매이지 말고 두루 읽어서 안목을 넓히는 독서를 하라는 것이다.

참조가 되는 고전을 공부하고 적절하게 인용함의 중요성에 대해서도 강조하였다.

두보의 시는 고사를 인용할 때 흔적이 없어서 읽어보면 모두 자신이 쓴 것 같지만, 자세히 살펴보면 모두 근본이 있고 출처가 있다. 이러한 이유로 시성詩聖이 될 수 있다.

한퇴지는 자법字法에 근본이 있으니 출처가 있는 것이다. 구어句語에는 자작이 많으니 이 점이 대현大賢이 되는 이유다.

소자첨은 구절마다 고사를 인용하여 흔적이 남아 있다. 그런데 잠깐 살펴보면 그 의미를 밝히기 어렵고, 좌우로 고찰하고 검증하여 근본을 캐본 연후에는 그 뜻을 간신히 통할 수 있게 된다. 이것이 소자첨이 박사博士가 되는 이유다.

소자첨의 시도, 우리 세 부자의 재주로는 평생 공부를 해야 적게나마 도달할 수 있을 것이다. 사람이 이 세상을 살아가면서 할 일이 얼마나 많은데 어찌 이렇게 할 수 있겠는가. 그렇더라도 시를 지을 때 사실을 인용하지 않고, 그저 풍월이나 읊고 바둑과 술 이야기만 하다가 구차하게 압운을 하는 것은, 평범한 촌구석의 촌부가 짓는 시에 불과한 것이다. 따라서 차후에 시 작할 때는 고사를 인용하는 것을 위주로 해야 한다.

'퇴지退之'는 한유(韓愈, 768~824)의 자이고, '자첨子瞻'은 소식(蘇軾, 1036~1101)의 자다. 두 사람 다 중국의 유명한 문장가다. 대단한 문장가들의 글도 자작인 것처럼 보이지만 인용이 많은데 당대 선비들이 고전은 제쳐두고 운만 맞춰서 풍월을 읊는 것이 다산은 못마땅했던 것이다.

굳이 인용이 중요할까 싶기도 하지만 논문이나 책을 쓸 때 참고 문헌을 잘 활용하는 것과, 고전 같은 기본서를 충분히 숙지하면서 공부하는 것이 중요하다는 것을 강조한 셈이다.

서구에는 '아리스토텔레스 이후로 새로운 것은 하나도 없다'는 말도 있다지만, 모든 공부는 원형이 되는 지식을 배워두면 공부의 가닥을 찾는 일이 쉬워진다. 지금의 뛰어난 업적들이 뉴턴이 말한 것처럼 '과거의 위대한 현인들이라는 거인의 어깨 위에 올라앉아서 생긴 것들'이기 때문이다. 고전을 중심으로 책을 두루 많이 읽고 그 고전을 바탕으로 자신의 것을 만들어나가야 한다.

독서의 근기를
기른다

독서하기 전에 갖춰야 할 덕목이 있다. 간혹 범법을 하거나 이해할 수 없는 언행을 하는 지식인들을 보면, 많은 책을 읽는 것보다 제대로 된 철학부터 갖추는 것이 중요하다는 생각이 자연스럽게 든다. 세상을 바라보는 바른 관점이 없는 사람에게는 많은 공부가 오히려 자신과 사회에 독이 되는 것이다.

포浦는 재주와 역량이 네 형에 비해 한참 부족한 것 같다. 하지만 성품이 자상하고 생각이 깊으니 독서하는 것에 힘쓴다면 도리어 형보다 나을 수 있을 것이다. 근래에 너의 문한(文翰, 문필에 관한 일)이 점차 성장하고 있으니 잘 알 수 있구나.

독서는 근기를 세우는 것을 우선해야 한다. 근기란 무엇인가. 학문에 뜻이 없다면 독서를 할 수 없으니, 학문에 뜻을 두는 것을 필수적으로 해야 한다. 무엇을 근기라 하는가. 효도하고 형제간에 우애 있게 지내는 것을 말한다. 이 효제를 실천하는 데 힘을 써야 한다. 이렇게 근기를 세우면 학문은 자연스럽게 체화되는 것이다. 학문이 체화되면 독서에 대해 따로 많은 변화를 말할 필요도 없다.

'운포耘逋'는 다산의 둘째 아들인 학유의 호다. 학유가 재능이 부족하지만 성품이 선하고 사려가 깊으므로 독서에 전념한다면 형 못지않은 성과를 거둘 수 있을 것이라고 한다.

독서를 시작할 때 '근기부터 세워야 한다'고 거듭 강조하고 있다. 이것은 공부를 시작하기 전에 부모에게 효도하고 형제에게 우애가 있는 덕목을 가지는 것처럼 바른 성품과 바른 철학을 갖춰야 한다는 말이다.

흔한 비유로 똑같은 물을 암소가 먹으면 젖이 되고, 뱀이 먹으면 독이 된다고 한다. 공부 역시 바른 세계관과 성정을 갖춘 사람이 해야 진리를 터득할 수 있으며, 공부의 성취도 빨라진다는 것이다. 바른 철학을 가진 사람은 학문이 자연스럽고 편안한 옷처럼 잘 맞을 것이다. 그렇게 공부가 몸에 배면 따로 독서의 순서나 가닥을 정할 필요도 없다.

가려 뽑아
읽는다

다산이 두 아들에게 숱하게 강조한 초서 독서법이 궁금할 것이다. '초서抄書'는 책에서 중요한 내용을 추려서 쓰는 것이나 그렇게 쓴 책을 말한다. 21세기를 살고 있는 우리에게는 정보가 넘쳐나고 정보가 흘러넘쳐서 혼란을 겪는 일이 적지 않다. 인터넷을 통해서 다양한 정보를 접하지만 틀린 정보나 중복된 정보, 왜곡된 정보 때문에 어려움을 겪는다.

고급 정보나 제대로 된 정보를 얻으려면 독서를 해야 한다. 깊이 있는 사유를 하려면 단순 검색을 통해서 얻은 정보가 아니라 책을 통해서 얻어야 하는 것이다. 책을 읽을 때도 가려서 읽는 지혜를 발휘하는 것이 좋다. 다산 역시 '가려 읽는 책 읽기', 즉 초서를 중시하였다. 초서는 많은 정보, 꼭 필요한 학습 내용을 빠른 시간 내에 흡수하는 데 효과적이다.

옛 경전을 고찰하여 정현과 가규의 학설을 살펴보면, 잘못된 해석이 건건이 발견되니 독서하기의 어려움이 이와 같다.

초서하는 방법은 내가 학문을 하면서 주관이 있어야 한다. 내 마음에 옳고 그름을 가릴 수 있는 권형(權衡, 저울)이 있어야 취사선택하는 데 어려움이 없을 것이다.

학문의 요체를 지난번에 말했는데 네가 분명 잊은 것 같구나. 그렇지 않다면 어찌 의심하여 초서에 대해 다시 질문하겠는가. 책 1권을 얻어 오직 학문에 보완이 될 만한 것을 가려 뽑고, 그렇지 않은 것은 눈길을 줘서는 안 된다. 이렇게 하면 비록 100권의 책이 있어도 불과 열흘 공부에 지나지 않을 것이다.

저울에 해당하는 권형은 다산에 의해서 자유 의지로도 해석된다. 다산의 철학에서 권형은 사람이 선악을 판단할 수 있는 판단력과 자유 의지로 보았다.

다산은 이 글에서 초서의 기본을 크게 2가지로 나누었다.

첫째, 초서의 필요성이다. '아무 책이나 읽지 말라, 공부에 도움이 될 만한 책을 골라라, 그래야 많은 책을 읽을 수 있다'는 시간이 부족한 현대인이 귀담아들어야 하는 말이다. 이 책 저 책 읽는 것이 아니라 안목을 길러서 공부에 중요한, 참고가 될 만한 책들을 골라서 읽는 것이 중요하다. 전문가의 도움을 받는 것도 추천한다.

둘째, 책을 고르는 판단력과 지혜를 가져야 한다. 초서의 근본 요령인데, 그렇게 하려면 주관을 확립해야 한다고 말한다. 다독하려면 이 부분이 매우 중요하다. 책을 고르는 안목이 있다면 어떤 책이 중복되는지, 어떤 책이 참고할 만한 핵심 정보와 새 정보를 담고 있는지 알 수 있다.

그런데 안목은 단기간에 길러지는 것이 아니다. 다양한 책을 읽으면서 내공을 쌓아야 안목을 얻을 수 있다. 내공을 쌓으려면 혼동의 과정을 거쳐야 할까? 물론 어느 정도는 그렇다. 하지만 혼동의 과정을 최대한 줄이는 것이 좋다. 그러려면 시류에 영합하는 책이 아니라 기본서부터 집어 들어야 한다.

지금 유행하는 책이 아니라 고전과 기본 텍스트가 될 만한 개론서, 원론서를 중심으로 기본기를 다져나가면 책을 고르는 초서의 안목을 기를 수 있을 것이다.

다산은 초서에 대해 구체적인 요령도 언급하고 있다.

학문의 종지(宗旨, 근본 주장·취지·뼈대)는 부모에게 효도하고, 형제와 우애 있게 지내는 효제로 삼는다. 문장의 예악으로 꾸민다. 정치와 형법으로 보충을 하고, 병농兵農으로 날개를 삼으며, 부역하는 것과 재물을 다루는 것 등은 모두 문간門閒이 된다.

초서의 요지는 1종류의 책을 볼 때 아름다운 말과 선한 행실이지만, 《소학》에는 실려 있지 않을 때 《소학》을 이을 수 있는 것이라면 채집한다.

경전을 설명하는 데 새로운 것으로 근거가 있는 것을 채집하는데 예경禮敬도 마찬가지다. 자학(字學, 글자의 원리를 연구하는 학문)과 운학(韻學, 음운학) 같은 종류는 열 중에서 하나만 채집한다.

《설령說鈴》 가운데 오키나와琉球 기행문 같은 것은 병학兵學으로 삼을 수 있는 것이니 추려내고 농학, 의학 등에 관한 것은 집에 있는 책을 살펴보고 나서 새 학설이라는 것이 확인되면 초서하여라.

다산이 생각하는 학문의 간단한 설계도를 말함으로써 초서에 도움이 되도록 하고 있다. 공부에서 자신만의 설계도를 구축해야 초서를 통해서 독서하는 데 도움이 될 것이다. 설계도를 잘 갖추는 것만으로 공부를 잘할 수는 없겠지만, 공부를 잘하는 학생들은 반드시 자신만의 체계를 갖추고 있다. 이 체계를 바탕으로 공부하는 것이 독서나 학문의 필요조건이다.

초서하는 방법의 요점이 궁금할 것이다. 첫째, 기본서에는 없지만 같은 맥락이면서 보완할 만한 책을 고른다. 둘째, 반드시 분명한 근거와 논리를 갖춘 책을 고른다. 셋째, 적든 많든 필요한 내용이라면 부분 발췌한다. 넷째, 새로운 학설로 대두된 책을 고른다.

다산이 제안한 초서 독서법은 공부의 절차를 확립하는 데 도움이 될 것이다. 기본서를 철저히 탐독하여 자신만의 체계를 세운 다음 여러 책 중에서 기본서를 보강할 수 있는 책을 고른다. 이때 자신만의 주장이 아니라 확실한 권위와 근거를 갖춘 신뢰할 수 있는 책을 고른다. 많은 책을 살펴보면서 중복되는 내용을 생략하는 발췌독의 방식으로 다독하는데, 해당 학문의 새로운 조류에 민감하게 반응해야 한다. 이렇게 고른 책과 발췌한 내용들을 직접 써가면서 자신만의 교재로 정리하며 마무리한다.

잡서를
경계한다

다산은 초서 독서법을 여러 방식으로 강조했다. 다산은 기본서가 아닌, 여러 의견이 혼재되어 있는 책에는 조심스럽게 접근할 것을 권한다.

《일지록日知錄》의 학술이 만족스럽지 않다. 그 본령(本領, 근본적인 것)은 고담정론高談正論을 요약하여 쓴 것이다.

개별 정론이 아니라 사람들이 일컫는 정론일 뿐이다. 그 명성을 온전히 하려고 할 뿐 진정한 공을 담은 간절한 마음을 볼 수 없다. 시대를 근심하고 세상을 개탄한 것도 조잡하고 깨끗하지 못한 의사가 언외에 드러나 있다. 그러니 나 같은 직선적인 남자가 때때로 이목을 기울일 뿐이다. 사전에 있는 말을 뽑아내고 취하여 자신의 이론과 섞어서 잡스럽게 책을 완성하였으니 난잡한 것이다.

일찍이 《성호사설星湖僿說》을 맛보고 후세에 전하는 정본으로는 부족한 점이 있다고 말하였다. 옛사람이 완성한 글을 자신의 의논과 서로 복잡하게 섞어서 책을 만들어 올바른 준칙을 완성하지 못했기 때문이다. 《일지록》역시 이와 같은데, 예론은 더욱 그러하여 실수와 놓친 것이 많다.

이처럼 기본서가 가지고 있던 본래 논지가 자신의 의견과 혼재되면 제대로 된 정보를 취할 수 없다. 따라서 이 책들은 어떤 학문에 대해서 자신의 주관과 기틀이 확립되지 않은 경우 심각한 혼동에 빠지게 만들 우려가 있으므로 주의해야 한다.

처음 공부할 때 쉬운 책으로 시작하는 것은 좋지만, 흥미 위주의 책들을 고르다 보면 자칫 정론이 아닌 왜곡된 정보를 취할 수 있으므로 책을 선택하는 데 주의를 기울여야 한다. 쉽든 어렵든 정론이라고 검증된 책을 잘 고른다.

다산은 잡서에 빠져서 시간을 낭비하는 것을 경계하기도 했다.

퇴계 선생은 박택지朴澤之에게 답하는 편지에 이렇게 말했다.

"사서四書 외에 적힌 공자의 언행은 전국 시대의 간사한 무리들이 거리낌 없이 기록한 것이 대부분입니다."

내가 평생 견문이 부족하고 비루하여 지식이 부족하지만, 옛사람들의 문장을 독실한 마음으로 좋아했다. 진나라와 한나라의 글은 그리 오래되지 않은 옛날의 일이라, 시를 말하고 예를 논한 것이 경전의 뜻에 비추어 증명하지 못할 것이 없다고 여겼다. 따라서 항상 살펴보았으며 후세의 글보다 낫다고 말했다.

그런데 지금 퇴계 선생의 말씀을 보니 그 올바름을 구하는 데 엄격하여 《가어家語》나《설원說苑》류의 책이라 할지라도, 잡서로 분류하여 배척하고 미세한 것이라도 막는 뜻이 있었다. 어찌 잠시라도 패관稗官이나 소품 같은 음란하고 삿된 책들에 눈을 둘 수 있겠는가.

근세의 재주 많은 선비가 《수호전水滸傳》이나《서상기西廂記》같은 책들에 발을 들여놓고 빠져나오지를 못하여 문장들이 여리고 구슬프며, 뼈를 찌르고 몸을 녹이는 식이니 도의에 걸맞고 이치가 나아가는 점은 찾아볼 수 없다. 심지어 부잣집에 떠도는 이야기는 그 출처를 알 수 없다. 모두 복록에 방해가 되는 것들이다. 이런 것들이 모두 잡서를 즐겨본 해라고 할 수 있다.

'음탕사벽한 책들', 즉 음란하고 삿되며 편벽된 논지를 담은 책들, 감정에 치우쳤지만 진리와는 거리가 먼 책들을 잡서라고 하였다. 물론 지금과는 기준이 다를 수 있다. 요즘에는 문학책들이 깊이 있는 철학을 담지 않더라도 재미만 있으면 좋은 책으로 꼽히기도 한다. 하지만 공부를 하는 사람들은 그런 책에 시간을 허비해서는 안 될 것이다. 요즘도 음탕사벽한 책들과 정보가 온라인 공간에서 넘쳐나고 있다. 당연히 이 정보들은 공부에 혼동을 주기 마련이다. 다산이 경계한 것처럼 공부를 통해서 복록을 얻고자 하는 이들은 당연히 잡서를 즐기지 말아야 할 것이다.

책의 설계도를
만든다

다산은 책을 발췌하는 방법을 이야기하면서 책의 규모와 리스트를 세우고 나서 시작하라고 했다. 설계도를 만들어야 일관된 구성으로 살펴볼 수 있기 때문이다.

부득이하게 《고려사》를 빨리 보내줘야 할 것 같다. 그중에서 초서하여 취하는 방법을 형에게 상세히 알려주었으니, 이번 여름에 형제가 전심전력을 다하여 이 일을 마치도록 하여라.

초서하는 방법은 반드시 그 뜻을 바르게 정하여 내 책의 규모와 절목을 세우고 나서 추려내야만 일관성의 묘미가 생긴다. 만약 규모와 절목의 밖에 있는 것이라도 반드시 채취해야 한다면, 별도의 책을 만들어서 수록하여라. 힘을 얻을 수 있는 곳이라면 어망을 설치하였는데 기러기가 잡힌다 해도 어찌 버릴 수 있겠는가.

만약 리스트와 다른 내용인데 중요하다면 그것만 따로 책을 만들어서 기록하라고 한다. 그물에 기러기가 걸렸다고 버릴 수 없는 것처럼 그런 내용도 버릴 수 없다.

얻는 것이 있으면 모두 기록하고, 그보다 설계도에 해당하는 리스트를 잘 만드는 것이 중요할 것이다.

책의 설계도를 만드는 또 다른 방법 중 하나는 연대순으로 책을 정리하는 것이다.

네가 《사기》를 읽는다니 좋은 일이다. 옛날 고정림顧亭林은 《사기》를 읽을 때 〈본기本記〉와 〈열전烈傳〉은 손도 대지 않은 것과 같았고, 연표와 월표에 관한 편은 손때가 많이 묻었으니 이것이 제대로 읽는 방법이다.
《기년아람紀年兒覽》에 실린 큰 사건, 역대 연표 등은 반드시 범례를 따라 상세히 살펴야 한다.
《국조보감國朝寶鑑》에서 연표와 큰 사건의 기록을 가려 뽑고,《압해가승押海家乘》에서 뽑아 연표를 일단 만들어야 할 것이다. 그러고 나서 중국 연호와 우리나라 역대 임금들이 재위한 연수를 비교하고 고찰하여 책을 만들면 나라와 선조가 한 일에 대한 대강大綱을 알고, 시대의 선후도 분별할 수있을 것이다.
선친께서 나에게 보내준 편지는 상자 속에 잘 보관해놓았느냐? 그 편지들이 없어질까 걱정이구나. 그중에서 세부 일상에 관한 것들은 내버려두어

라. 훈계와 기억해야 할 말씀들은 취해서 연월을 맞추고 초록해 1권의 책으로 만들어야 하는데, 내가 여기에 매인 몸이라 몸소 정리할 수 없는 것이 한스러울 따름이다.

연표에 손때가 묻어야 제대로 독서를 한 증거라고 말을 하고 있다. 연표를 만들어서 공부하면 큰 줄기를 알 수 있으므로 효율적으로 공부할 수 있다는 말이다. 이 공부법은 지금 적용해도 손색없다. 연대기를 따라서 공부하는 것은 체계적으로 공부하는 한 방법이다. 연표를 벽에 붙여놓고 수시로 숙지하면서 공부를 하거나 옆에 두고 공부를 하면 효율적이다. 연표가 없는 내용일지라도 연표를 만들어서 체계화시키면 공부에 도움이 될 것이다. 다산은 책의 설계도를 만들고 연표로 책을 정리하는 방법을 강조했으니 기본 공부법은 시대를 초월하는 법이다.

실용적 기준으로
접근한다

초서 독서법의 또 다른 변용은 실용적 기준으로 접근하는 것이다. 현학적인 책들로 상아탑 속에만 갇힌 책들은 도움이 되지 않을 수도 있다. 해당 분야에 대해 깊이 있는 이해나 공부가 선행되어 있지 않다면 용어조차 낯설어 헤매다 끝내게 된다. 어렵고 두꺼운 책이 모두 좋은 책은 아니며, 때로는 전문가들이 많이 읽는 책이라도 꼭 나에게 맞는다는 보장은 없다.

《기년아람》을 나도 처음에는 좋은 책이라고 여겼다. 근래에 자세히 들여다보니 들었던 것과 같지 않구나. 본래 뜻이 해박하고 넉넉하여 풍부한 견문을 자랑했는데, 실용과 실리상으로는 기준을 제대로 세우지 못한 탓에 번잡하고 중요한 내용이 적으며 요약한 것 중에는 불필요한 것이 많다. 이제

한두 예를 들어볼 것이다.

초심자나 비전문가가 필요한 정보만 얻으려는데 불필요한 내용과 전문 용어들로 가득한 책은 도움이 되지 않고 오히려 시간만 낭비하게 만든다. 간혹 지식을 자랑하는 수준으로 대중 요구에 부응할 수 없는 책들이 꽤 많으니 그런 책들은 주위의 도움을 받아서라도 골라내는 안목을 길러야 할 것이다.

다산은 독서를 통해서 얻은 것을 실생활에 적용하라고 했다. 그렇게 할 수 있다면 장점이 많을 것이다. 배운 것을 숙지하는 데 도움이 되고, 공부 목적에도 부합하는 일일 테니 말이다. 옛 선비들은 이것을 '지행합일'이라고 했다. 지행합일의 실천적이고 실용적인 공부는 현대에도 특히 중요한 덕목이다.

묵자가 오랜 시간 정성을 들여 나무로 연을 만들었는데 하루를 날리고는 망가져서 쓸 수 없게 되었다. 그 모습을 본 제자가 나무로 연을 만든 묵자의 손재주를 칭찬했다. 그러자 묵자가 말했다.

"정성 들여 만든 연이 보기는 좋아도 하루 만에 망가지고 말았으니 무슨 쓸모가 있느냐. 수레 축을 만드는 사람의 재주에 미치지 못할 뿐이다. 그는 약 30센티미터 정도 되는 나무를 다듬어서 한나절 만에 수레를 만드는데 그 수레는 4800킬로그램에 달하는 무거운 짐을 싣고 먼 곳까지 운반해도 망가지지 않고, 오랫동안 사용할 수 있다."

이 말을 전해들은 혜자는 묵자야말로 진정한 재주가 무엇인지 아는 사람이라고 칭송했다.

실용성이 없다면 이론은 왜 필요하며, 정성은 무슨 소용이란 말인가.

돈 버는 장사꾼들은 책을 별로 읽지 않을 것이라고 생각하지만 그렇지 않다. 사업으로 성공한 사람들 중에는 책을 좋아하는 사람들이 꽤 많다. 삼성의 이건희 회장도 유명한 독서광이라고 한다.

다산은 닭 1마리를 기르는 데도 책과 연관시키는 실천적 공부법을 중요하게 여겼다.

네가 닭을 기른다는 말을 들었다. 양계는 좋은 일이다. 닭을 기르는 데도 우아하고 저속하며, 맑고 탁한 것이 있다. 농경에 관한 책을 읽고 숙지하며, 어떤 것이 좋은 방법인지 시험하고 채택해보아라. 색깔로 구별도 하고, 홰를 다르게 쳐보기도 하는 등 닭장 관리를 새롭게 해서 다른 집보다 닭이 살이 찌고 잘 번식하도록 하여라.

때로는 닭이 자라는 정경을 시로 지어 유산으로 삼아라. 이것이 독서하는 사람이 양계하는 방법이다. 만약 이익만 보고 의리를 볼 줄 모르며 닭을 기를 줄만 알고 정취를 모르면서 매일 일에만 골몰하여, 이웃에 농사짓는 노인들과 아침저녁으로 싸우기만 한다면 어찌되겠느냐. 바로 평범한 시골의 졸렬한 사람들이 양계하는 것과 같으니 너는 어찌하겠느냐?

이미 양계를 시작했으니 책을 두루 읽고 닭에 관한 학설들을 추려서 경전이라도 만들어라. 이렇게 계경鷄經을 만들어 육우陸羽의 《다경茶經》과 유혜풍柳惠風의 《연경煙經》같이 업적을 남긴다면 좋은 일이다. 이것이 세속적인 일에서도 맑은 정취를 함께하는 것이니 일례로 삼아 매사를 이처럼 하라.

다산은 독서하는 사람, 공부하는 사람은 닭을 기를 때도 일반 사람들과 달라야 한다고 말한다. 책을 읽고 다양한 방법을 실험해서 남보다 더 살찐 닭을 기르고 번식도 많이 시키라는 것이다. 나아가 닭에 관한 모든 이론서들을 가려 뽑아서 닭에 관한 경전을 만드는 것이 운치 있는 일이라고 한다. 다산의 공부에 대한 강한 열정을 느낄 수 있는 대목이다.

새로운 분야에 뛰어들었다면 그 이론을 집대성해서 누구보다 더 잘하려고 하는 것, 그것이 아름다운 일이라고 여기는 것이 다산이 말하는 독서하는 자이며, 진정한 학인學人이다.

《한비자》에는 이런 이야기가 있다.

어린아이들이 소꿉장난을 하는 것을 보면, 모래로 밥을 짓고 흙탕물로 국을 끓인다. 소꿉장난이 끝나고 허기가 지면 집으로 돌아가 진짜 밥을 먹는다. 모래와 흙탕물로는 허기를 해결할 수 없다. 성인의 도가 아무리 듣기 좋아도 실용성이 없고, 성군의 업적이 아무리 훌륭해도 지금 적용할 수 없다면 소꿉장난과 다르지 않다.

공부하는 사람은 초서 독서법을 활용해서 지행합일의 정신으로 어떻게든 현실에 응용할 생각을 해야 자신의 가치도 높이고 사회적 기여도할 수 있을 것이다.

다산 인성론 3

인간의 본성은
선한가, 악한가

다산은 성이란 단지 본심이 좋아하고 싫어하는 것이라고 말하여 성을 인간의 자연적 사실인 것처럼 말하고 있다. 그러나 그 좋아하고 싫어함이란 자연적 사실로 인간 내부에 내재해 있는 것이지만 어디까지나 천명으로 주어진 것이다. 인간에게 천명이 준 성으로 좋아하고 싫어함이란 막연히 자연적 대상을 좋아하고 싫어함을 갖고 말하는 심리적 사실만을 의미하는 것이 아니다. 오히려 선을 좋아하고 악을 싫어한다는 데 이 이론의 방점이 있다.

인간의 본심에는 좋아함과 싫어함이 성으로 주어져 있지만, 윤리적 면에서 선만을 좋아하는 절대적 계명이었다. 성이 좋아함과 싫어함이라고 하지만 무엇이나 다 좋아함이 아니라 선만을 좋아해야 한다고 말함으로써 성 자체의 의미는 기호이지만, 인간에게 넘어오면 절대 규범으로 당위의 성격을 띤다.

천명은 성을 주었고, 성은 좋아하고 싫어함이지만, 인간에게 주어진 좋아하고 싫어함이란 선을 좋아하고 악을 싫어한다는 것으로서의 좋아함에 국한되는 것이다.

인간이 선만 좋아하고 악을 싫어하면 새로운 문제에 직면하게 된다. 성, 즉 선을 좋아함이 천명으로 인간에게 주어졌다면 어떻게 인간은 악을 저지르는가.

다산의 견해에 의하면, 인간의 본성은 좋아함을 의미하고 선만 추구하지만 인간의 마음은 그렇지 않다.

즉, 인간이 선을 좋아하는 것은 천명이지만, 이것을 실천하고 실천하지 않는 것은 인간의 마음에 달려 있다. 그렇기에 선을 좋아함이 천명으로 주어져 있지 않다면 인간의 마음이 선을 실천하려 해도 할 수 없다.

따라서 인간의 내면에는 이미 선을 좋아함이 내재되어 있지만 실천은 인간의 마음 작용에 의한 것이다. 성과 마음을 분리한 것이다.

마음이 선을 실천하지 않을 경우 성은 실현되지 않고, 내부적으로 잠재하여 있을 뿐이다. 그러나 이때 우리는 '양심의 가책'이라는 심리적 현상에 직면하여 선을 좋아하는 인간의 본성을 확인하는 과정을 거치게 된다.

만일 이 성이 없다면 티끌만큼의 선행을 하고 싶더라도 평생토록 어찌할 수 없을 것이다. 하늘이 이미 이 성을 부여해준 까닭에 능히 시시각각으로 깨우쳐주며 이끌어주고 있다. 항상 악행을 저지르게 될 때도 한편으로는 인간이 욕심을 내더라도 한편으로 저지하려고 든다. 그런데 저지하는 자는 곧 본성이 받은바 천명이다. 천명을 일러 성이라 하는 것은 바로 이를 이른 것이 아니겠는가.

—《맹자요의》

천명이 준 성은 마음이 움직이는 욕심을 억제하고 저지시키는 능력이 있다. 또한 스스로 자각하게 되는 것임을 밝히고 있다. 다산은 여기서 한걸음 더 나아갔다.

그러므로 하늘은 사람에게 자주권을 마련해줌으로써 선을 행하고 싶다면 선을 행하게 하고, 악을 행하고 싶다면 악을 행하게 한다.

흐리멍덩하여 일정하지 않더라도 그 권한은 자기에게 있는 것이니 짐승들에게는 고정된 마음이 있는 것과 다르다. 그러므로 선행을 하더라도 내 공이 되고, 악한 짓을 하더라도 내 죄가 되는 것이니 이는 마음의 권능이며, 성은 아니다.

—《맹자요의》

다산은 성은 인간에게 선을 좋아하도록 부여했지만 실천은 인간의 자주권에 속한다고 지적함으로써 윤리의 자율성과 인간의 독자적 선택권을 부여하고 있다. 인간은 선을 택할 수도 있고 악을 택할 수도 있다. 이 선택은 성은 아니지만 마음의 권능에 속한다.

다산은 '성 그 자체만이 순선(純善, 순수한 선)'이라고 보기 때문에 인간이 실천하여 얻는 선은 인간의 의지에 달려 있다고 보았다. 그러나 인간에게 성의 순선이 없다면, 인간이 자율적 노력을 아무리 해도 결코 얻을 수 없다.

다산이 주체적, 자각적 가치를 추구하는 철학을 확립하고 있음을 엿볼 수 있다. 인간의 성은 천명으로서 이미 운명적으로 선만을 추구하고, 악을 추구하지 않아야 할 텐데 악을 저지르는 원인이 어디에 있는가 하는 문제에 대하여 해답을 내리고 있는 것이다. 성 자체는 천명이지만 그것의 실현은 인간에게 부여된 문제다.

인간이란 정신과 육체의 미묘한 결합에서 마음이 이들을 매개한다는 주장이 성립된다. 결코 일원론도 아니요, 이원론도 아니면서 정신과 육체를 다 같이 인정하고 이들을 연결하는 작용으로 성性 아래에 인간의 마음을 놓아두는 것이다.

성이 천명으로 선을 좋아하는 인간의 내면에 주어진 것이라면 성선설의 선험성을 인정하는 것이다.

선은 경험을 통하여 얻어지는 것이 아니라 인간이라면 누구나 태어나면서 선을 좋아하고 악을 싫어하도록 되어 있다. 그러나 인간의 마음에 의하여 선택의 자유가 있다. 인간의 마음 작용이 욕심에 흘러서 악을 저지르는 것은 성이 본래 선하기 때문에 반성하고, 자각하여 선으로 돌아오게 된다. 그것을 다산은 심리 작용을 통하여 증명하고 있다.

사람마다 여색을 좋아하지 않는 자는 없고, 사람마다 안일함을 좋아하지 않는 자는 없는데 성性이 선하다고 하는 까닭은 무엇인가. 《맹자》는 요순으로 성이 선함을 밝혔으나 나는 걸(주나라의 폭군)이나 도척(고대 중국의 대도)으로 성이 선함을 밝히겠다.

담에 구멍을 뚫은 도둑이 장물을 등에 지고 도망치면서 유쾌한 척하지만, 이튿날 이웃에 가서 청렴한 선비의 행실을 보고 땀을 흘리면서 속으로 부끄러워하지 않는 자는 없다. 옛날 양상군자(도둑)와도 선을 행할 수 있다는 사실은 성은 선하다는 분명한 증험이다.

—《맹자요의》

성이 선하다는 것은 선한 행위를 보면 직관적으로 알 수 있다. 이것이 선이냐 악이냐 따져보지 않아도 된다. 어떤 증거도 없다. 우리 마음의 반성 작용을 통하여 선한 행위를 봄으로써 선은 인식되는 것이다. 그렇다면 우리는 왜 악을 저지르는가. 우리가 무엇이 선인지 무엇이 악인지 구별하지 못하는 탓이다. 이미 인간에게는 선이 내재해 있는데 이 선을 발휘하지 못해 악이 일어난 것이다.

이 지방에 윤 씨 성을 가진 아이가 도둑질하는 버릇이 있었다. 그 아이의 형제들을 시켜서 인과 의에 대한 도를 깨우쳐주었더니 도둑질하던 아이는 눈물을 흘리고 있었다.

—《맹자요의》

악을 짓는 행위는 무지의 습관에 의한 것이지만 어떤 선한 모습을 보면 직관적으로 마음의 가책을 받는다. 만약 선한 성을 가지고 있지 않다면 아무리 선한 행위를 보더라도 선이라고 인식할 수 있을까?

이처럼 선은 인간의 내재적 잠재 능력으로 존재해 있다. 이 선을 발휘하는 것은 인간과 인간과의 행위 속에서 나타난다. 인간과 인간과의 관계가 없다면 선은 영원히 내재로만 끝날 수 있다. 이때 인간 본성의 선은 교육을 통해 계발되어야 하는 것이다.

4부

자신을
이겨내는
자기 관리 공부

茶山 丁若鏞

자신을
속이지 않는다

다산의 나이 29세, 정조 14년(1790) 겨울의 일이다. 다산이 궁궐에서 《논어》를 강독할 때였는데, 임금의 명을 받아 상의원에서 할 강의를 준비하느라 《논어》를 읽고 있었다. 규장각에서 일하는 서리가 오더니 소매에서 종이를 꺼내 보이는 게 아닌가. 다음 날 강의할 장을 미리 적어놓은 쪽지였다.

정약용은 그 쪽지를 보고 놀랐다.

"내가 강의하는 사람인데 어떻게 미리 엿볼 수 있겠느냐?"

"임금의 분부이니 걱정하지 않아도 됩니다."

서리는 웃으면서 말했다.

"그렇더라도 감히 미리 엿볼 수 없다. 법식대로 전편全篇을 읽고 가겠소."

서리가 돌아가고, 다음 날 다산은 경연장에 나아갔다.

정조는 신하에게 명했다.

"정약용만 다른 장을 별도로 강의하라."

다산이 막힘없이 강의하자 정조 입가에 웃음이 번졌다.

"과연, 전편을 읽었구나."

그 후로 정조는 정약용을 더욱 신임하게 되었다고 한다.

왕이 처음부터 시험을 한 것인지, 아니면 다산만 배려를 하려다 답변을 듣고 시험을 해본 것인지 알 수 없다. 아마 전자일 가능성이 높을 것이다. 다산은 왕이 배려해주었는데도 남과 자신을 속이지 않고 우직하게 공부를 했으며, 그 결과 왕의 두터운 신뢰를 얻게 되었다.

공부를 하는 사람은 지나치게 요령을 피워서는 곤란하다. 어차피 공부해야 할 부분이라면 지금 좀 편한 길을 택하는 것이 무슨 의미가 있겠는가. 출제 빈도가 높은 것 위주로, 지금 급한 대로 필요한 부분만 공부하는 것은 당장 편하기 위해 자신을 속이는 것에 불과하다.

자신을 속여서는 자기를 극복할 수 없고, 자기 관리도 제대로 할 수 없다. 극기할 수 있는 정신은 자신에게 솔직한 것으로부터 출발하는 것이다.

본연지성本然之性은 불교 책에서 유래한 말이다. 유학자들의 천명지성天命之性과는 빙탄氷炭처럼 서로 어울리지 않는 것이니 말할 것이 아니다.

'만물이 나에게 모두 준비되어 있다'는 것은, 힘써 서恕를 행하고 인仁을 구하라는 경계일 따름이다. 사람의 자제와 부모, 형제, 부부, 손님에 관한 도리를 기록한 경전의 300가지 말씀과 곡례의 3000가지 의론이 나에게 모두 갖춰져 있는 것이다. 그러니 언제고 나 자신을 돌이켜보기에 성실하다면 극기복례(克己復禮, 자신을 이기고 예도로 돌아오다)로 천하가 모두 인으로 돌아오게 되는 것이다.

'빙탄'은 얼음과 숯이니 서로 어울릴 수 없는 것이다. '서'는 남의 마음을 내 마음에 비추어 생각하고, 내가 싫은 것은 남에게 하지 않으며 내가 좋은 것은 남에게 적극 베풀라는 말이다.

자공이 공자에게 물었다.
"단 한마디 말로 사람이 죽을 때까지 행실의 지침으로 삼을 말이 있습니까?"
"서恕다. 내가 원하지 않는 일을 남에게 하지 말라."
《증자》는 공자의 도가 '충과 서'뿐이라고 했고,《맹자》는 인으로 가는 가장 빠른 길이 '서'라고 했다.

— 《논어》

이 글에서도 같은 맥락으로 높은 자질을 갖추려면 인간관계 등에서 힘써 노력해야 한다고 이야기한다. 풀이하자면 이런 것이다. 모든 것을 갖춘 '본연지성'은 불교에서 하는 말로, 유교의 하늘이 내려주고 명령하는 본성과는 다른 것이다. 모든 예법이 인간의 본성에 모두 갖춰져 있다. 하지만 '극기복례' 즉, 인간이 자신을 이겨내는 과정을 겪어야 한다. 그렇게 해서 성실하게 자기를 이겨내고 예법과 도리를 지키면 천하가 모두 덕을 갖춘 세상이 되는 것이다.

　다산에 의하면 유교에서 말하는 '내 안에 모든 지혜와 선한 성품을 갖추고 있다'는 말도 극기복례할 수 있는 근거, 천명지성이 있으니 힘써 노력하라는 교훈일 뿐이다. 우리가 이미 갖추고 있는 것은 일체가 아니라 일체에 도달할 수 있는 노력일 뿐이라는 것이다. 결국 우리가 믿고 따라야 할 것은 위대한 자질, 자신을 이길 수 있는 자질이다. 따라서 극기복례 정신을 바탕으로 언제 어디서나 자신을 속이지 말고, 자기 관리에 철저하면 반드시 공부에 큰 성취를 얻을 수 있을 것이다.

공부 자질은
타고나는 것이 아니다

인간의 뇌는 계속해서 쓰는 방향으로 계발된다. 이를 '뇌의 가소성'이라고 한다.

고자高子는 제나라 사람으로 맹자의 제자가 되었다고 다른 문파로 떠난 사람이다.

맹자가 고자를 보고 안타까운 마음으로 말했다.

"산속에 난 오솔길은 사람들의 발길이 끊이지 않으면 어느새 큰길이 된다. 그러다가 그 길을 내버려두고 다니지 않으면 잡초가 무성해져서 길이 없어지고 만다. 그런데 지금 너는 생각을 오랫동안 하지 않아서 잡초가 마음을 뒤덮어버린 것 같다."

타고난 공부 머리가 아니라며 일찍 포기를 하는 경우가 많다. 그런 사람들도 사업을 하면 남들보다 아이디어가 뛰어날 수도 있고 탁월한 성과를 낼 수도 있다. 영어 수학은 좀 뒤떨어져도 전문 분야에서 실력을 발휘하기도 한다. 공부 머리가 부족한 것이 아니라 흥미 있는 과목, 흥미 있는 공부 방식이 아니었던 것뿐이다. 공부 머리라는 것이 취향의 차이일 뿐 타고난 자질이 큰 격차가 나지는 않는다. 계발을 하면 할수록 그쪽으로 발달하는 것이 인간의 머리다. 덕성도 공부의 자질도 마찬가지다. 다산은 현대의 뇌 과학자들이 말하는 것처럼, 타고난 재능보다 노력으로 계발하는 것을 특히 중시한 학자다.

상지上智와 하우下愚는 성품에 대한 말이 아니다. 선을 지키는 사람은 비록 악한 사람을 상대하더라도 자신의 습관을 관리하여 변하지 않으니, 이것을 '상지'라고 일컫는 것이다. 악한 것을 편안하게 여기는 사람은 비록 선한 상대의 습관을 접하더라도 변하지 않으니 이를 '하우'라고 일컫는 것이다. 만약 사람에게 변하지 않는 품성이라는 것이 있다면 '주공周公이 성인이라도 생각을 잘못하면 광인이 되고, 광인이라도 망념을 극복하면 성인이 된다'고 한 말은 인간의 본성을 모르고 한 말이 될 것이다.

'높은 지혜와 낮은 어리석음'이란 타고난 자질을 말하는 것이 아니다. 상지를 타고난 좋은 자질, 하우를 타고난 천박한 자질로 착각하지 말라는 것이다. '상지'란 단지 애써 올바름을 지키는 사람이요, '하우'는 나쁜 것을 편안하게 여기고 고치려고 하지 않는 사람일 뿐이다.

만약 타고난 자질에 레벨이 있다면, 주나라의 성인인 주공이 '성인이라도 생각을 잘못하면 광인이 되고, 광인이라도 망념을 극복하면 성인이 된다'는 말을 하지 않았을 것이라는 말이다. 공부도 마찬가지다. 타고난 자질이 있는 것이 아니라 생각하고 노력 여하에 따라 명문대에 들어간 천재처럼 보일 수도 있고 공부 머리가 없는 어리석은 사람처럼 보일 수도 있다.

옛날 순임금이 요에 의해서 임금 자리에 오르기 전에 역산이라는 지방에서 농사를 지었다. 깊은 산중에서 지낼 때는 겉모습이 짐승이나 보통 사람들과 전혀 다를 것이 없었다. 그런데 선한 말을 듣고 선한 행동을 보고 나서 자신의 것으로 만들어 위대한 성품을 갖추게 되었다고 한다. 이것이 성인의 자질이라고 할 수도 있으나, 비록 성인이라 할지라도 선한 언행을 만나는 교육 없이는 보통 사람에 불과한 것이다. 이처럼 성인은 배우고 실천하는 데 있는 것이다.

기는 의와 도를 함께 배합하는 것이다. '의와 도가 없으면 기가 굶주린다'는 것은, 여자약呂子約과 이숙헌이 남긴 뜻이다.

성性이란 기호(嗜好, 좋아서 따르는 것)이다. 형체의 기호와 영지靈智의 기호가 있는데 이 둘을 합하여 '성'이라고 한다. 따라서 《서경》〈소고召誥 편〉에 성을 절제하라 하였고, 《예기》〈왕제王制 편〉에 백성의 성품을 절제해야 한다고 하였다. 《맹자》는 마음을 움직여 성을 참아내고, 이목耳目과 구체口體가 기호하는 것을 '성'이라 하였으니, 이것은 바로 형체의 기호를 말하는 것이다. 천명지성에서 말하는 성은 천도天道, 성선性善, 진성(盡性, 지극한 성품)의 성이니 이것은 곧 영지의 기호라 할 수 있다.

다산은 기존의 유학자들과 달리 본성을 위대한 것으로 보지 않았다. 위의 글을 풀이하면 이런 것이다. 인간이 타고난 본성은 좋아하는 문제일 뿐이다. 형체, 즉 육체적인 것을 좋아하는 기호가 있듯이 영적인 지혜를 좋아하는 기호가 있다. 이 둘이 모두 본성이다. 그래서 과거 경전에 '본성을 절제하라'는 말도 있었던 것이다. 2가지 본성이 있는데 하늘이 부여한 본성은 영적인 지혜에 대한 기호를 말한다. 그런데 성리학을 공부한 유학자들은 본성을 모두 천명지성으로 착각하여 노력하지 않아도 타고난 지혜와 타고난 선함이 있다고 여기는 오류를 범하고 있다는 이야기다. 선함과 지혜는 노력하지 않으면 얻을 수 없는 것이니, 뛰어난 인품과 지혜를 자랑하던 성인도 생각하고 노력하지 않으면 정신 나간 사람이 되는 것은 한순간이라는 말이다.

마음이 허령(虛靈, 잡념이 없고 신령스럽다)한 것은 하늘로부터 받은 것이니 감히 본연(本然, 본래부터 자연스럽게 가지고 있는 것)이라고는 할 수 없다. 감히 시작이 없다고 말할 수 없고, 감히 순수한 선이라고 말할 수 없다.
'심心'은 마음의 기관이다. 따라서 미발(未發, 일이 일어나기 전 또는 마음이 일어나기 전)한 기상을 돌아보는 것은 마음을 다스리는 것이 아니다.
선할 수도 있고 악할 수도 있는 것이 '재질'이고, 선을 따르는 것이 어렵고 악을 따르는 것이 쉬운 것이 '세'이다. 선을 즐기고 악을 부끄럽게 여기는 것이 '성'이다. 이 성을 따르는 데 어긋남이 없으면 바로 적절한 도라고 할 수 있으니 '성선性善'이 되는 것이다.

이것은 불교에 대한 직접적인 공격이다. 정약용이 말하고자 하는 것은 이런 것이다. 마음이 비어 있고 신령스러운 것은 하늘에서 받은 것이지 감히 인간이 타고난 것이라고 할 수 없다. 유교에서 불교 철학을 제거하는 과정에서 묘하게 서학과 결합하고 있다. 다산의 철학은 이처럼 복합적이고 고전 유학, 성리학, 서학 등 다양한 철학을 집대성한 경향을 띠고 있다.

마음의 본성은 출발점이 없다. 절대적으로 선하다는 것은 모두 불교의 이야기니 따를 것이 못 된다. 마음은 생각과 분리할 수 없는 관계에 놓여 있는 것이니 기존 성리학에서 말하는 절대 선이라고 여기는 미발 즉, 마음이 일어나지 않은 상태를 돌이켜보는 것은 생각 이전의 단계를 생각하는 것이니 논리적 모순이다. 마음은 오직 생각일 뿐이다.

따라서 인간의 타고난 재질은 선할 수도 있고 악할 수도 있으며, 형세는 악해지기 쉽고 하늘로부터 받은 본성은 악을 부끄럽게 여겨서 선을 따르고자 하는 것이다. 노력해서 이 본성을 따르면 선해지고 도에 이를 수 있는데《맹자》가 말한 본성은 선하다는 것이다.

정리하면 다산의 지론은 이런 것이다. 인간의 지혜와 품성에 관한 본성 즉, 타고난 자질은 한 방향으로 결정되지 않았다. 결정권은 인간 자신에게 달려 있다. 공부 자질의 상지와 하우 즉, 지혜롭고 어리석음도 어느한쪽으로 결정되지 않았다. 역시 내가 지금 어떤 것을 선택하고 어느 방향으로 걸어가느냐에 달려 있을 뿐이다.

성실함으로 물살을
거슬러 올라간다

춘추 전국 시대 초나라 남쪽 지방에 여수라는 강에는 사금이 많이 나와서 백성이 몰래 사금을 채취해 갔다. 초나라에서는 사금을 국가 재산으로 여겨 나라에서는 사금을 훔쳐 가는 사람에게 극형을 처하고 시체를 판자에 걸었다.

그런데도 사금을 훔쳐 가는 사람들은 점점 늘어났다. 이유는 아무리 극형이라도 붙잡히지 않은 사람이 많았기 때문이다. 사람들은 나는 잡히지 않을 것이라는 기대로 극형을 두려워하지 않은 채 계속 도둑질을 한 것이다.

운을 바라는 마음은 이렇게 무서운 것이다. 이유 없는 낙관으로 운을 바라기에 조심하지 않는 것이 인간의 보편 약점이다. 그러다 극형 같은 몰락을 겪은 다음에야 후회하게 된다.

그러므로 공부도 운을 바라면 안 된다. 항상 절박한 심정으로 스스로를 경계하고 분발해야 삶에서도 화를 겪지 않고, 좋은 성적을 거둘 수 있다.

물론 요행을 부리지 않고 공부를 하는 것은 힘든 일이다. 공부는 대개 애써 해야 하는 것이다. 그렇기에 마음가짐을 굳건하게 하고 성실함으로 무장해야 한다. 힘든 시간을 이겨내고 궤도에 올라서면 언젠가 순풍에 돛을 달고 달리는 것 같은 발전을 이룰 수 있다.

만약 불성(不誠, 성실하지 못하다)이라는 두 글자에 이르면, 너는 더욱 할 말이 없을 것이다. 너는 내가 직접 지시한 것을 행하는데도 불성실했던 일이 지나치게 많다. 하물며 나머지 일은 더 말할 것이 있겠느냐. 차후에는 선한 마음을 일으켜 앞으로《대학》〈성의장誠意章〉과《중용》〈성신장誠身章〉을 벽에 붙여놓고 큰 용기를 내어 다리를 굳건히 세워 배를 타고 급류를 돌파하는 방법으로, 성실한 뜻으로 공부에 매진해야 할 것이다.

물살을 거슬러 올라가는 듯한 심정으로 성실하게 공부해야 한다고 말한다. 성실함을 이어나가려면 벽에 관련된 글을 적어놓는 것도 도움이 된다고 말한다. 그렇게 배를 타고 물살을 거슬러 올라가는 것처럼 분발할 것을 요청한 것이다.

뜻을 성실하게 한다는 것은 자신을 속이지 않는 것이니 악을 미워하기를 악취를 싫어하는 것같이 하며, 선을 좋아하기를 이성을 좋아하는 것같이

하는 것이다. 이것을 자겸(自謙, 겸손하게 스스로를 낮추는 것 또는 스스로 만족하는 것)이라고 하니 군자는 반드시 혼자 있을 때를 삼가는 것이다.

—《대학》〈성의장〉

뜻을 성실하게 하는 성의는 선을 따르는 것인데, 다른 사람과 있을 때나 혼자 있을 때나 변함없이 선을 따르는 신독愼獨이 중요하다는 것이다.

〈성의장〉에서 신독을 거듭 언급하는데 자신만 모른다고 착각할 뿐, 많은 사람이 나의 마음을 들여다보기를 밝은 거울처럼 하는 것이니 남들이 보지 않는 곳에서는 온갖 악한 것을 하고, 보이는 곳에서만 착한 것을 해도 결국 모두가 환히 알 수 있다.

공자의 제자인 증자曾子는 공자, 안자, 자사, 맹자와 함께 동양의 오성五聖으로 꼽힌다.《증자》는 신독을 말하면서 '혼자 있는 곳에서도 10개의 눈이 나를 보고 있고, 10개의 손이 나를 가리키니 무서운 일이 아닐 수 없다'고 하였다.

주자는 이에 대하여 '선을 따르는 것은 남에게 보이기 위한 것이 아니니 자신을 속이지 말고, 혼자 있을 때도 마땅히 언행을 삼가야 한다'고 주석을 달았다.

이 '신독'에 대해서 특히 다산은 혼자 있는 것만 말하는 것이 아니라 사람들과 있을 때 거짓을 말하지 않는 것을 강조했다. 자신을 아무리 속이려 해도 속일 수 없고 뭇사람들이 내 속을 훤히 들여다볼 수 있기 때문이다.

아래에 처하여 윗사람의 마음을 얻지 못하면 백성을 다스리지 못한다. 여기에는 도가 있다. 친구에게 믿음을 얻지 못하면 윗사람의 마음을 얻을 수 없고, 어버이에게 순종하지 못하면 친구에게 믿음을 얻지 못하며, 자기 자신에게 성실하지 못하면 어버이에게 순종하지 못한다. 선을 밝게 알지 못하면 자기 자신에게 성실할 수 없다.

—《중용》〈성신장〉

자기 자신에게 성실한 것이 '성신'이다. 결국 선을 밝게 알아서 자기 자신에게 성실한 것이 모든 일, 수신제가치국평천하의 근본이라는 말이다.

본론으로 돌아와, 공부는 어느 정도 궤도에 오를 때까지 대체로 물살을 거슬러 올라가는 것이다. 궤도에 올랐다 해도 더 높은 경지로 올라서려면 꼭 한 번씩 어려운 포인트를 맞이하게 된다.

학문을 한다는 것은 진실로 배를 타고 상류로 노를 저어가는 것과 같다. 평온한 곳에서는 자유롭게 진행해도 무방하지만, 여울의 언덕에 해당하는 급류를 만나면 이 배의 주인은 한시라도 느슨하게 노를 저어서는 안 된다. 힘을 끌어모아서 위쪽으로 올라가야 하니 한시라도 긴장을 멈추거나 한걸음이라도 물러나면 이 배는 올라갈 수 없다.

—《주자대전》

이 글은 자식들을 가르치는 말이다. 심한 급류를 만났을 때 사공이 언제 배가 뒤집힐지 모르니 죽을힘을 다하여 노 젓기를 쉬지 않는 것처럼, 학문을 하는 것도 마찬가지란 말이다. 공부를 하다 보면 반드시 위기를 만난다. 현실 공부에 적용해보자. 어떤 과목에서든 쉽게 이해가 가지 않고 어려운 이론, 어려운 장을 만나기 마련인데 그 부분을 넘어서면 한 단계 올라서게 되는 것이다. 대개 많은 학생과 수험생들은 '어려운' 부분을 포기한다. 그 부분이 바로 평범한 성적을 내는 사람과 고득점을 하는 사람의 '차이'를 만든다.

공부의 급류를 만났다면 사공이 목숨을 걸고 노를 젓듯이 분발하기를 쉬지 않아서 한 번에 넘어가야 한다. 어렵다고 주춤하고 돌아서기를 반복하면 트라우마가 형성되는 것처럼, 그 부분을 쳐다보기 싫어지면서 다시 넘어서기 어렵게 되는 것이다.

주량을 조절할 수 없다면
술을 끊어라

사람은 누구나 공부에 방해되는 나쁜 습관이 있다. 다산이 자식들에게 훈계한 이 글은 그런 나쁜 습관 중에서도 음주를 대표 사례로 들었다. '예나 지금이나 사람들 사는 모양은 비슷하구나'라는 생각이 드는 재미있는 글이라 다산의 표현에 따라 초서를 해보았다. 물론 자식을 올바로 교육시키고자 하는 선생의 절박함은 가벼이 여겨서는 안 될 것이다.

네 형이 와서 시험 삼아 술을 한잔 건네주었다. 한잔을 마시고 취하지 않기에, 물었더니 너는 능히 배는 마실 수 있다더구나. 왜 책에 관한 아버지의 습관은 물려받지 않고 주량만 아버지를 넘어서는 것이냐? 나쁜 소식이구나. 네 외조부 절도사공은 술 7잔을 마셔도 취하지 않으셨지만 평생 술을 입에 가까이 하지 않으셨다. 만년에야 수십 방울을 담을 수 있는 작은 잔을 하나 만드셔서 입술만 적셨을 뿐이다.

술을 많이 마시는 자식들을 훈계하는 내용이다. 아비인 다산의 공부하는 습성은 물려받지 않고, 주량이 자신을 넘어서는 자식들의 모습이 한심하기 짝이 없다는 말이다. 집안 어른 중에 주량이 센 분이 있었지만, 일생 술을 가까이 하지 않았던 예를 들면서 자식들의 무분별한 음주를 경계하고 있다.

나는 태어나서 지금껏 크게 술을 마셔본 적이 없어서 내 주량을 알지 못한다. 특별한 관직이 없었던 시절 일이다. 왕이 중희당重熙堂에서 소주를 세 차례나 하사하였을 때, 옥으로 된 술잔에 가득 부어서 내렸었다. 사양할 수 없어 명을 받으면서 내 마음은 속으로 '오늘 나는 죽었구나'라고 생각했다. 그래도 심하게 취하지는 않았다.
춘당대春塘臺에서 왕을 모시고 시험관 일을 할 때 큰 사발에 술을 한 잔씩 하사받았는데, 모든 학자가 대취하여 인사불성이 되었다. 어떤 이는 남쪽으로 향하여 절을 올리고, 어떤 이는 연석 위에 누워 있기도 하였지만, 나는 과거 시험지를 다 읽고 착오 없이 성적도 다 매겼다. 물러날 때쯤에야 약간의 취기를 느꼈을 뿐이다. 그런데도 너희들은 내가 술을 반 잔 이상 마시는 것을 본 일이 있느냐?

'춘당대'는 창경궁 안에 있는 석대를 말한다. 무예를 시험하기도 하고 시험을 치르기도 하는 곳이다. '중희당'은 동궁전에 있던 시험을 치르거나 대신을 만나던 각閣이다.

윗사람이 내린 술을 많이 마셔서 다른 공직자들은 흐트러지고 주사도 부렸지만 자신은 변함없이 직분을 다 마쳤다는 것이다. 정신력으로 술을 이겨낼 수 있는데도 자신은 술을 즐기지 않는다고 말하고 있다.

'술맛'은 입술을 적시는 데 있다. 입술을 적시지 않고 마치 소처럼 술을 들이켜면서 목구멍으로 넘기는 사람이 어찌 술맛을 알겠는가. 술을 마시는 정취는 미세하게 취하는 데 있다. 붉은 얼굴의 귀신이 되어 토하고 잠드는 이들이 무슨 정취가 있겠는가. 술을 좋아하는 사람은 질병이 많고 사납게 죽음을 맞는 법이다. 술독이 오장육부까지 침입하여 하루아침에 썩어 문드러지고 연달아 온 몸이 무너지니 두려워할 만한 일이다.

진정한 음주법은 적당히 마셔서 즐기고 음미하는 데 있는 것이지 폭음하는 데 있지 않다고 강조한다. 폭음해서 얼굴빛이 귀신같이 되고 토하는 이들은 음주의 정취를 제대로 즐길 수 없으며 그로 인해서 죽을 수 있다고 경계한다.

나라를 망하게 하고, 집안을 파탄 내는 흉하고 패악스러운 행동은 대개 술에서 비롯된 것이다. 그래서 옛사람들은 고觚라는 술잔을 만들어서 술을 절제했다. 고를 써도 절제하지 않는다면, 공자는 '고라고 해도 어찌 고라고 할 수 있겠느냐'라고 말씀하셨다.

'고'는 중국 은나라 때 제사에 사용하던 청동 술잔이다. 모양이 길쭉하고 우아한데 잔의 윗부분은 나팔 모양으로 넓고 중간은 잘록하다. 집안의 어른이 그랬던 것처럼 작은 술잔으로 주량을 조절할 수 없다면, 술을 마시지 않는 것이 좋다. 패가망신하고 나라까지 망치는 주범이 모두 술에서 비롯된 것이다.

계영배戒盈杯라는 술잔이 있다. 절주배節酒杯라고도 하는데, 잔의 70%를 채우면 술이 저절로 잔 밑으로 흘러내린다. 고대 중국에서 과음을 경계하기 위해 만들었다. 조선 시대의 거상 임상옥은 계영배를 늘 곁에 두고 욕망을 경계하여 거부가 될 수 있었다고 한다.

> 너처럼 배운 것도 없는 폐족의 한 사람이 고주망태로 이름을 얻는다면 앞으로 어떤 인간이 될 것이냐? 경계하고, 절대 입에 가까이 하지 말라. 부디 저 먼 변방에 외로이 있는 이 아버지의 말을 명심하라. 술병이 한 번 나기 시작하면 등에 염증이 나다가 뇌저腦疽, 치루, 황달 등 기괴한 질병들이 생긴다. 결국 모든 약이 듣지 않으니 바라고 바라건대 술을 끊고 마시지 말라.

'뇌저'는 목덜미 쪽의 종기를 말한다. 몰락한 집안 출신으로 술주정뱅이까지 된다면 앞으로 어떤 사람이 될지는 불을 보듯 뻔한 것이다. 술은 모든 질병의 근원이니 술을 끊도록 하라는 말이다.

다산은 자식에게 빌고 빈다는 표현까지 써가면서 술을 먹지 않았으면 좋겠다고 당부한다. 대표 사례로 술을 들었는데 담배나 과식, 게임 같은 당장 즐겁지만 몸과 정신을 망치는 나쁜 습벽은 공부의 큰 장해

요인이다. 악습과 공부는 병행할 수 없는 것이니 단호하게 끊어내지 않으면 정체하거나 낙오될 뿐이다.

어느 마을에 닭 도둑이 있었다. 이 도둑은 매일 닭을 훔치지 않으면 좀이 쑤시는 사람이었다. 도둑질을 알아챈 군자가 도둑에게 충고했다.

"남의 물건을 훔치는 것은 사람이 할 일이 아니니 이쯤에서 그만두게나."

그 말을 듣고 닭 도둑은 잠깐 생각하다 대답했다.

"당신 말이 맞소. 이제 잘못을 반성하고 그 습관을 바꾸고 싶지만 내가 닭을 훔치는 버릇은 워낙 오래되어 하루아침에 바꾸기 어렵소. 그러니 오늘부터는 한 달에 1마리씩만 훔치겠소. 그러다 보면 내년 정도에 훔치지 않을 수도 있을 것이요."

―《맹자》

도둑질 같은 악습은 단칼에 끊어내야 한다. 이 핑계 저 핑계 되면서 줄여나가겠다느니 다음에 끊겠다느니 하는 사람에게 무슨 기대를 할 수 있을까?

반대로 악습을 끊어내면 경천동지할 만한 큰일을 해낼 수 있을 것이다.

지금 비록 나쁜 습관에 사로잡혀 있더라도 누구나 가슴속에는 큰 꿈이 있는 법이다. 가슴속에 웅지가 있다면 언제든 떨쳐내고 날개를 펼칠 수 있으니, 다시 꿈을 되찾아 과거와 결연히 절연하고 분연히 몸을 일으켜보자.

'일명경인―鳴驚人'이라는 말이 있다. 한 번 울면 세상 사람들을 놀라게

한다는 말이다. 춘추 전국 시대 초나라 장왕에 대한 고사에서 나온 성
어다.

초나라 장왕은 집권한 후 3년 동안 향락에 빠져 지냈다. 정치를 돌보지 않
으니 당연히 나라는 엉망이 되어갔다. 장왕은 매일 연회를 열면서 쾌락을
즐기는 동안 한 가지 명령을 내렸다.

"누구든 나에게 간하는 자는 용서하지 않고 죽이겠다."

3년이 되던 해 오거라는 충신이 목숨을 걸고 질문을 던졌다.

"왕이시여, 새 1마리가 언덕 위에 앉아 있었습니다. 그 새는 3년이 지나도
록 울지도 않고 날지도 않습니다. 그 새가 어떤 새인지 아십니까?"

왕이 잠자코 있다 입을 열었다.

"3년 동안 날개를 펼치지 않은 것은 그 새가 날지 못하기 때문이 아니다.
한 번 날면 하늘을 갈라놓을 정도로 날 것이다. 그 새가 3년 동안 울지 않
은 것은 울지 못하기 때문이다. 아니다. 한 번 울면 온 세상 사람들이 깜짝
놀랄 정도로 울 것이니라. 너는 물러가 있으라."

웬일인지 장왕은 오거를 죽이지 않고 그냥 보내주었다. 하지만 몇 달 동안
장왕이 쾌락을 즐기는 것은 더욱 심해졌다. 얼마 뒤 다시 소종이라는 신하
가 들어와 간했다.

"너는 내 명령을 못 들었느냐?"

"이 몸이 죽어서라도 왕을 깨닫게 할 수 있다면 신이 바라는 것입니다."

그 말을 듣자 장왕은 왼손을 불끈 쥐고, 오른손은 악기를 걸어둔 끈을 끊
어버렸다. 그때부터 향락을 멈추고 정사를 돌보기 시작하였다. 3년간 아첨

했던 간신을 물리치고 오거와 소종을 중용하였다. 나라를 부강하게 만들고 군사를 일으켜 제나라와 진나라를 굴복시키니 춘추 오패 중의 한 사람으로 역사에 남게 되었다.

요즘은 특히 학생들이 컴퓨터 게임을 많이 하는데, EBS 방송의 연구 결과를 보면 게임이 얼마나 나쁜지 알 수 있다.

독일 스포츠 대학의 연구에 의하면 12~14세 남자아이들에게 매일 저녁 숙제를 끝내고 나서 하루는 컴퓨터 게임, 다음 날은 TV를 1시간씩 즐기도록 하였다. 그 결과 컴퓨터 게임을 한 아이들의 수면 질이 떨어지고 단어 암기력도 저하되었다. 게임 경험이 너무 강력해서 뇌의 단어 기억력을 압도한 것이다.

이 연구는 컴퓨터 게임이 뇌에 긍정적인 효과가 있더라도, 청소년기 아이들은 게임을 오래해서는 안 되며 하루 1시간 이상을 넘지 않는 것이 좋다는 것을 말해준다. 물론 성인도 장기간 하는 게임이 뇌에 좋을 리 없다. 끝없는 피드백을 요구하는 게임은 집중력을 떨어뜨린다고 한다. 술이든 게임이든 공부에 방해되는 습벽은 절제할 수 없다면 끊어야 한다. '욕망을 다스려야 공부가 산다.'

오염된 말버릇은
고친다

다산이 살던 시대에도 말로 인해 한순간에 폐족이 되고, 일신을 망치는 경우가 많았다. 그렇게 말이 중요함을 알면서도 실수를 하는 것은 평소에 습관이 되어 있지 않아서다. 실질만 있으면 표현은 아무래도 상관없다는 사고방식도 문제다.

본성이 나쁘지 않은데 말로 인해서 화를 입은 사람들이 많다. 따라서 본심만 있으면 표현은 아무래도 좋다고 생각하는 것은 대단한 착각이고 오염된 말버릇은 어떻게든 고쳐야 하는 것이다.

극자성이라는 사람이 자공을 보고 물었다.

"군자는 본질만 있으면 되는데, 문을 다듬어 표현하는 것이 왜 필요하단 말인가?"

"어리석구나. 말 4마리가 이끄는 수레도 혀만큼 빠르지 않다. 본질이 문과 같아서 문이 필요 없다는 것은, 호랑이나 표범의 가죽이 개나 양의 가죽과 같다는 말과 다를 것이 없다."

—《논어》

물론 표현보다 본질이 더 중요하겠지만, 사람들과 관계하는 주요 수단이 말과 글이니 잘 다듬는 것은 매우 긴요한 일이다. 가죽의 등급이 달라서 범 가죽이 훨씬 비싸게 거래되는 것처럼 말과 글로 하는 표현에도, 천박하고 비루한 것과 올바르고 고상한 것의 차이가 있는 것이다.

무엇보다 말의 버릇을 깨끗하게 잘 들여놓아야 난관에 빠지는 것을 미연에 방지할 수 있다. 평소에 말버릇에 대해서 훈련을 잘 해야 하는 것이다.

부모형제나 일가친척 중에 혹 실수나 질병이 있으면 어찌 기피할 수 있겠는가. 단지 평생 한마디라도 허튼소리 하는 것을 보지 말아야 한다.

선조에게는 3형제가 있었다. 진천공鎭川公, 해좌공海左公, 직산공稷山公이 종중에 명망 있는 분들에 대해 황당한 말을 하여 어려움을 겪었다는 말을 들은 적은 없다.

세상 사람들을 만나보았는데 조정에서 일하는 고관과 달사達士라도 그 말을 고찰해보면 열에 일곱은 황당한 말이 많았다.

너희들은 서울에서 자라 옛 습속이 한 점도 없음을 모르고 있을 것이다. 지금부터 힘을 내어 선조들을 따라 황당한 말을 하지 않기를 다짐하고 시작하라. 편지글 중에 한 글자, 대화를 나누다가 한 마디라도 맹렬하게 성찰하여 털끝이라도 실수가 없도록 한다면 위로 조상의 위무를 계승하는 길을 반드시 찾을 수 있을 것이다.

일찍이 우리 집안은 흉악한 말을 입에 담지 않았으니 시정배 같은 말투를 하는 사람이 없었다. 고향의 종중에 계신 분들은 모두가 이러하지 않은 분들이 없었다. 어린아이들까지 그러하니 더 말할 것이 있겠느냐. 초천, 용인, 법천에 거주하는 일가들도 마찬가지다. 해서나 영남도 다를 것이 없다. 오직 한양의 성중에 사는 너희들만 왕왕 오염된 말을 하니 극도로 힘써서 바꾸라. 몇 달을 성실하게 노력하면 이치를 따라 자연스럽게 마땅함을 얻을 것이다.

다산은 고관대작들조차 황당한 말을 자주한다고 했다. 여기서 '황당한 말'이란 도리에 맞지 않고 근거가 없는 허위 날조된 말이다. 현대에도 타의 모범이 되어야 할 공직자나 정치 지도자들, 오피니언 리더들이 적극적으로 황당한 말을 지어낸다. 사실이 탄로 나면 기억이 나지 않는다거나 그런 뜻이 아니었다고 둘러대는 것을 일삼고 있다. 하지만 대중은 손쉬운 거짓말로 자신을 포장하는 그 지도자를 더는 신뢰하지 않는다. 일반인들 간에도 마찬가지다. 자기들끼리 모를 것이라고 생각했던 황당한 말이 탄로 나서 어려움을 겪는 일이 비일비재하다.

여러 시정잡배가 뒤섞인 서울에서 살다 보면 말이 거칠어지고 오염되기 쉬운데 특별하게 어려운 이야기는 없다. 보이는 곳이든 보이지 않는 곳이든 비밀은 없는 법이니 평소에 황당한 말이나 오염된 말을 해서 망신을 당하고, 인품을 스스로 깎아먹는 일을 삼가야 한다. 그러려면 다산이 역설했듯이 몇 달이 걸리더라도 황당하고 오염된 말을 하는 버릇을 바로잡아야 한다.

학문에는
때가 있다

가장 늦었다고 하는 때가 가장 빠른 때인 것은 맞다. 하지만 그것은 차후에 어쩔 도리가 없을 때의 일이고 모든 것은 시기가 있다. 시기를 놓치면 남들보다 더 많은 노력을 기울여야 하는 법이니 가급적 시기를 놓치지 말고 공부를 해야 한다. 그러려면 포기할 것은 과감하게 포기해야 한다.

네 동생의 재주는 형인 너보다 약간 모자라지만, 올 여름에 고시古詩와 산부散賦를 짓게 해보니 좋은 글이 많았다. 가을에는 《주역》을 베껴 쓰게 하고 물어보니 책을 많이 읽지는 못했지만 견해가 거칠거나 조악하지 않았다. 근래에는 《좌전》을 읽으면서 선왕들의 전장典章 등과 사대부의 사령辭令에 관한 법을 공부하더니 제법 봐줄 정도로 성장하게 되었다.

하물며 너는 재주가 동생보다 뛰어나고 초년에 책을 읽으면서 공부도 많이 익혀서 준비가 더 잘되어 있으니, 이제 맹렬하게 뜻을 세우고 향학열을 불태운다면 30살이 되지 않아 큰 유학자로 이름을 얻을 수 있을 것이다. 그러니 용사행장用舍行藏은 더 말할 것도 없다.

'산부'는 형식이 일정하지 않은 글을, '사령'은 응접하는 글, 임명장, 해임장을 말한다. '용사행장'은 세상에 쓰임을 받을 때는 나가서 자신의 도를 행하고, 버림을 받을 때는 물러가 숨는 것을 말하니 공부한 자가 따르는 진퇴의 도를 말한다.

동생 학유는 재주가 부족해도 성실하여 많은 작품을 지었다. 그런데 형인 학연은 타고난 재주가 있고 학문적 기반도 닦았으니 열심히 하면 큰 성취를 이룰 수 있을 것이라고 격려하고 있다.

네 학문은 점점 때를 지나치고 있다. 집안 사정을 고려하면 마땅히 집을 떠나 이곳에 와서 함께 지내야겠지만, 부녀자들이 대의를 몰라 과감하게 내칠 수 없는 어려움이 있을 것이다. 네 동생의 글공부에 대한 식견은 봄이 와서 초목에 싹이 돋아나는 형세다. 형인 너를 구제하기 위하여 동생을 보내는 것도 차마 할 수 없는 일이다. 지금 생각으로는 경오년 봄에 돌려보내려 한다. 그전까지 허송세월을 보낼 것인지 깊이 생각해보아라.

집에서 공부하고 싶으면 동생을 기다려 머물렀다가 교대로 만나자. 사정을 돌아보아 가망이 없다면, 내년 봄에 날씨가 풀리고 나서 만사 제쳐두고 내려와 공부하자.

이렇게 해야만 하는 이유는 이렇다.

첫째, 마음 쓰는 것이 날로 망가지고 행동은 날로 비루해지니 이야기를 들어야겠다. 둘째, 안목이 날로 좁아지고 뜻이 점차 상실되니 교육을 받아야 할 것이다. 셋째, 경학이 날로 조잡하고 황폐해지며 재주와 식견이 날로 공허해지니, 수업을 받아야 할 것이다.

소소한 정은 돌아보고 신경 쓸 일이 아니다.

학문에는 때가 있으니 소소한 사정 따위는 생각할 여지가 없다는 것이다. 공부를 하지 못하는 핑계는 찾아보면 무수히 많다. 큰일을 하려면 작은 것은 포기를 해야 한다. 아무것도 포기하지 않으면서 성공만 거두려는 것은 어리석은 욕심이다. 음주나 흡연 같은 나쁜 습벽은 물론이고 친구들과 어울리는 즐거움, 때로는 가족들과 당분간 헤어지는 일도 감수해야 한다. 공부를 함에 있어서 핑계를 대지 말자.

다산은 '공부를 하지 않으면 심성과 행동이 천박해지고, 자신의 뜻을 잃고 안목과 통찰력이 좁아지며, 학문이 천박해서 식견이 사라진다'고 학연에게 각성할 것을 요구하고 있다. 이렇게 되지 않으려면 시기에 맞춰서 공부를 해야 한다. 물론 이 덕목을 유지하려면 시험이나 학생 시절이 아니더라도 평생 공부하는 자세를 가져야 할 것이다.

공부 환경은
주체적으로

'맹모삼천지교孟母三遷之敎'라는 말은 유명하다. 맹자를 훌륭한 학자로 기르기 위해 맹자의 어머니가 이사를 세 번 한 것이다. 최근에도 좋은 학군에서 학교를 다니려고 무리해서 이사를 가는 부모들이 많다. 입시에서 좋은 성과를 내기 위해서인데, 줄 세우기식 교육에는 물론 안타까운 측면이 있다. 학군이 아니더라도 공부를 잘하려면 좋은 환경을 갖추는 것이 유리한 것은 사실이다.

결손 가정이나 유흥업소 등이 밀집한 곳에서 자란 아이들보다는 그렇지 않은 학생들이 공부를 잘할 것이다. 물론 어쩔 수 없이 그런 환경에 처한 경우도 적지 않다.

다산도 그런 여유가 없었나 보다. 다음의 편지를 보면, 자식들이 좋은 환경에서 자라지 못해 올바른 습관을 지니지 못했음을 안타까워하면서 잘못 배인 습관을 고치도록 권면하고 있다.

너희들은 시장 옆에서 자라 어린 시절에 접한 것이 대체로 문전의 객들이
나 시종이었다. 이들은 말버릇이나 마음 쓰는 것이 경박하고, 어리석으며
도리에 어긋난 것들이 많았다. 이러한 병이 골수에 파고들었으니 마음 중
에 학문을 즐기려는 뜻이 전혀 없게 된 것이다.

시장 옆에서 자란 환경 탓에 잘못된 습속을 배우고, 학문에 관심을
갖지 않게 될까 걱정하는 아버지의 마음이 절절하게 느껴진다.

피치 못할 사정으로 이런 환경에 처했을지라도 부모의 지도와 의지에
따라 좋은 환경을 구축할 수 있다. 다산의 자녀들 역시 아버지의 끊임없
는 노력과 자신들의 의지로 훌륭한 학자로 자라난 것처럼 말이다.

자신이 움직이는 동선을 조절하고, 학문에 뜻이 있는 친구들과 교제
하며 스스로 공부할 수 있는 환경을 구축해나간다면 시장 통에서 자라
나 훌륭한 선비가 된 다산의 자녀들처럼 성공적인 학문의 길을 걸을 수
있다. 공부 환경은 피동적인 것보다 주체적으로 환경을 구축하는 것이
더 중요하다.

용모와 행동은
단정하게

외모에 대한 이야기를 조금 더 이어가 보자.

요즘에는 그런 경우가 별로 없지만, 예전 입사 요강을 보면 지원 자격에 '용모 단정'이라는 문구를 자주 접할 수 있었다. 사람을 처음 만났을 때 판단할 수 있는 근거가 많지는 않다. 스펙을 제외하고는 예부터 내려온 '신언서판'을 보게 된다. 몸과 말과 글 솜씨와 판단력을 살피는 것이다. 여기서 가장 첫째가 '신'에 해당하는 용모. 용모로 판단하여 편견을 가져서는 안 되겠지만 용모를 다듬는 노력은 최소한의 성실성을 보여주는 것이다.

과거 동양의 선비들은 용모를 단정히 하고 자세를 바로 해야 공부도 더 잘되고, 오래할 수 있다고 보았다.

용모를 움직임과, 말을 하거나 안색을 바르게 하는 것을 말해보겠다. 비록 하늘이 내려준 재능과 식견을 갖고 있더라도, 학문을 처음 시작할 때 이 3가지에 힘을 쓸 수 없다면 끝내 자신의 발로 일어설 수 없을 것이다. 그 폐단을 말하자면 이렇다. 도리에 어긋난 말을 하고, 사나운 행동을 하며, 도둑질을 하고, 큰 악과 이단과 잡술을 행하기를 그치지 못하게 된다. 이 3가지 일을 서재書齋에 이름붙이고자 한다. '흉폭하고 태만함을 멀리하고(斯遠暴漫), 비루하고 배반함을 멀리하며(斯遠鄙倍), 믿음에 가깝게 하는(斯近信) 것'이라고 말이다.

네가 덕으로 나아가라는 바람에서 삼사를 너에게 주겠다. 이 삼사를 네 서재 이름으로 삼고 그 기문(記文, 안부 등을 주고받는 편지)을 써서 차후에 부쳐다오. 그러면 나 역시 너를 위하여 기문을 보내겠다. 너는 이 내용을 바탕으로 3가지 잠언을 짓고 이름을 '삼사잠三斯箴'이라고 붙여라. 정부자(程夫子, 정이천과 정명도)의 사물잠을 계승할 것이니 어떤 복이 이만하겠는가. 깊이 바라고 또 바란다.

'하늘이 내려준 ~ 일어설 수 없는 것'은 재주가 하늘과 같아도 태도가 바르지 않으면 땅이라는 현실에서는 발붙이기 어렵다는 것이다. 지혜와 식견이 있어도 태도를 바르게 하지 않으면 현실에 적응하고 성공하기 어렵다는 말이다.

여기서 말하는 용모, 말하는 방식, 안색과 표정 등은 단순히 외양이라기보다는 사람들과 사건을 대하는 태도와 자세로 이해해야 할 것이다.

외국에서 출간되는 다종다양한 자기 계발서나 마케팅 책 등을 보면,

역시 커뮤니케이션에서 가장 중요한 요소로 애티튜드를 꼽는다.

맛있는 음식을 더러운 그릇에 대충 담으면 먹기가 꺼려지는 것처럼 동서고금을 막론하고 올바른 자세와 태도를 갖추는 것은 중요하다.

시류에
휩쓸리지 말라

어느 시대나 그 시대만의 유행이 있다. 옷과 외모, 말투 등등 모두 그 시대를 대변하는 것들이다. 때로는 과거에 유행했던 것이 다시 돌아와 복고가 유행하기도 한다. 하지만 공부는 절대적인 혹은 오랫동안 변하지 않는 진리를 다루는 것이다. 따라서 시류에 휩쓸려서는 공부를 잘할 수 없다. 텔레비전 같은 대중 매체의 유행을 좇아가서는 공부할 여유를 갖기도 어려울 것이다.

근래 학술의 한 계통에서는 마음으로만 사물을 관찰한다는 반관反觀을 내세워 외모를 가꾸는 것을 가식적인 것이라고 지목하였다. 어린 친구들이 영악하고 방탕하기만 하면서 구속을 싫어하니 이 이야기를 듣고 뛸 듯이 크게 기뻐하다가 기거起居와 행동을 할 때 절도를 잃게 되었다. 솔직히 나

역시 젊은 시절 이 병에 걸렸었다. 늙어서도 뼈와 근골이 잘못된 습관이 들어서 뒤늦게 후회하나 고치기 어려우니 한탄스러울 따름이다.

지난번에 너를 보니 앉을 때나, 옷깃이나 자세에 가지런함이 없어 보였다. 단정하고 엄숙한 기색을 하나도 볼 수 없었다는 말이다. 이 모습은 내 병이 네게 전이된 것이다. 성인이 사람을 가르칠 때 외모부터 가다듬고 마음을 안정시키는 것을 모르기 때문이다. 세상에 비스듬하게 눕고, 삐딱하게 선 채로, 함부로 말을 내뱉고 쳐다보는 사람 중에 주경존심主敬存心할 수 있는 사람은 없다.

이 글은 공부하는 태도 면에서 시류에 휩쓸리지 말라고 말하고 있다. '반관'은 송나라 유학자 소강절(邵康節, 1011~1077)의 수양법으로, 눈으로 관찰하는 외모를 중시하지 않고 마음으로 관찰하는 것을 주로 하는 것이다. 자연스럽게 외양을 등한시하게 된다. '주경존심'은 경건함을 주로 하여 마음을 지킨다는 뜻이다.

물론 눈에 보이지 않는 것이 더 소중한 것이 많지만, 심법心法은 심법대로 계발하되 최소한의 외양은 사회와의 소통을 위해서 꾸미는 것이 좋다. 특히 자세나 태도를 함부로 한다면 건강에 무리가 오게 되니, 다산은 자신의 사례를 들어가며 방약무도한 태도를 경계하고 있다.

외모를 단정히 해야 마음을 안정하는 데도 도움이 된다는 것을 강조하고 있다. 실용과 실질만 숭상하거나 유행을 좇아서 태도와 자세를 망가뜨리는 것은 세속의 유행에 초연하게 공부에만 집중하려는 사람의 자세로서는 적절하지 못한 것이다.

유행은 새롭게 만들어내는 것이기에 끊임없이 기존의 격을 파하고, 사이클이 짧다. 변화무쌍한 시류에 휩쓸리지 말고, 항상성 있고 단정한 태도로 공부하는 마음가짐을 가져야 한다.

다산의 다음 글은 글쓰기와 공부에서 시류에 휩쓸리지 말라고 말하고 있다.

근래에 몇몇 젊은이들이 원나라와 명나라의 경박하고 방정맞은 사람들이 지은 졸렬한 문장들을 가져와서, 절구絕句나 단율短律을 흉내 내 도둑질로 지어놓고는 '세상에 없는 뛰어난 문장'이라고 자부한다. 오만하게 함부로 남의 글을 깎아내리고, 고금을 소탕하려고 달려드는 것이다. 나는 이 젊은 이들을 보면 연민을 느낀다.

경학은 반드시 그 기반을 튼튼하게 세워야 한다. 그다음 역사서를 섭렵해서 득실과 난리의 이치에 관한 근원을 알아야 한다. 실용 학문에 마음을 기울여서 옛사람들의 경제에 관한 글을 즐겁게 읽어야 한다. 이 같은 마음으로 만백성을 윤택하게 하고 만물을 길러내려는 뜻이 가슴 깊이 상존할 때, 독서하는 군자가 될 수 있다. 이처럼 하고 나서 안개 낀 아침이나 달 밝은 밤, 우거진 나무에 가랑비가 내리는 것을 볼 때 홀연히 시상이 일어나고 생각이 떠오르면 시를 읊는 것이며 자연스럽게 시가 되는 것이다. 하늘에서 들리는 피리 소리와 같고 숲에 이는 바람 소리처럼 자연스럽게 울려나오는 것이니 이것이 살아 있는 시다.

'경학'은 삼경(《시경》,《서경》,《역경》), 오경(삼경에 《예기》,《춘추》를 포함) 같은 경전이다. 실학파의 거두답게 경제학 같은 실용 학문도 공부의 기틀로 삼고 있는 것이 독특하다. 경박한 유행을 따르지 말고 천지자연의 이치와 부합되는 공부를 하라는 것은 지금의 자연과학 같은 기초 학문을 중시하는 것이라고 볼 수 있다. 결론적으로 일시적 유행을 따르지 말고 학문의 근본부터 튼튼히 할 것을 이야기한다. 신학문을 받아들이더라도 고전과 검증된 학문을 통해서 기본을 충실히 닦아야 시류에 휩쓸려 기본을 잃는 일이 없을 것이다.

공부할 때는 시류에 이끌리지 말고, 확실히 자기중심을 잡고 있어야 한다. 그래야 세상에 쓰임이 되는 인물이 되고 세상을 살리는 학문을 할 수 있다.

정조는 《중용》의 의문점을 기술한 80조항 중 '사칠이기四七理氣'의 변을 논하면서 퇴계와 율곡 이론의 차이점을 물었다.

다산은 학식이 넓은 이벽(李蘗, 1754~1786)과 답변을 의논하였다. 이벽은 퇴계의 학설로 주장했고, 다산은 공부를 해가면서 율곡의 학설과 합치되는 결론을 얻었다. 성균관의 모든 학생은 퇴계의 '사단이발四端理發' 학설이 옳다고 하였다. 그러나 다산은 율곡의 '기발설氣發說'이 막힘이 없이 통하는 학설로 진리에 가깝다고 믿었기에 자신의 주장대로 정조에게 답변했다.

다산이 답변을 올리자 남인 측에서 비방이 빗발치듯 일어났다. 하지만 정조는 "정약용이 답변한 강의 내용은 일반 시류의 흐름에 연연하지 않고, 오직 마음으로 뜻을 헤아렸으므로 견해가 명확하고 공정함이 귀하므로 정약용의 답변을 최우선으로 삼는다"고 하였다.

당대 당파 싸움은 목숨을 걸 정도로 치열하게 전개했다는 것을 기억하라.

학계 역시 양분되어 노론 쪽에서는 율곡의 학설이 옳다고 여겼고, 남인 쪽에서는 퇴계의 학설이 옳다고 여기면서 논쟁이 그칠 날이 없었다. 다산은 세상이 모두 아는 남인이었다. 그런 다산이 율곡이 옳다고 주장하였으니 진리를 공부함에 있어서 놀랍도록 공정하고 공평무사한 태도를 보인 것이다.

진리가 무엇인지 묻지 않고 자기 당에서 주장하면 무조건 옳은 철학이고 남의 당에서 주장하면 무조건 바르지 못한 철학이라고 싸움을 벌이던 조선 후기. 트집이나 잡는 잘못된 성리학을 타파하지 않으면 시대적 고난은 해결되지 않는다. 다산은 실용 학문으로 사상계의 변혁을 일으켜야만 역사에 미래가 있다고 믿었다. 진리에는 당파가 없는 법이니 시류에 흔들리지 않는 자기 주관을 명확히 갖고 있었던 것이다. 학문을 통해서 올바른 진리를 찾아나가려면 시류에 휩쓸리지 않도록 자기중심을 갖고 철저히 자신을 관리해야 할 것이다.

다산 인성론 4

실천하지 않는 덕은
덕이 아니다

다산은 인仁 자를 해석하면서 "인仁이란 인人과 인人이 거듭한 글자다", "인仁이란 두 사람(이인二人)이다. 사람과 사람이 서로 관여하는 것"이다. 즉 '인'이란 두 사람의 관계를 말하며, 사람 간의 관계를 의미한다고 했다. 그렇다면 인의 내용은 무엇인가?

도란 사람이 거쳐서 걷는 것이요, 인이란 두 사람이 서로 관여하는 것이다. 어버이를 효도로 섬기면 인이 되는데, 아비와 아들은 두 사람이다. 형을 제(悌, 공경)로 섬기면 인이 되는데 형과 아우는 두 사람이다. 군왕을 충으로 섬기면 인이 되는데 군왕과 신하는 두 사람이다. 백성을 자(慈, 사랑)로 거느리면 인이 되는데 목민관과 백성은 두 사람이다. 부부나 붕우까지 두 사람 사이에서 그 도리를 극진히 하는 자는 다 인이다. 그러므로 효와 제는 인의 근본이다.

—《논어고금주》

'인'이란 두 사람 사이에서 서로의 도리를 극진히 하는 것을 말한다. '인'이란 어느 한쪽의 강제 요구가 아니라 서로 상대하여 자기 위치를 지키고 남의 위치를 존중하는 동등한 관계에 있는 것이다. '인'은 결코 상하주종 관계가 아니다. 오히려 본분을 극진히 하면 그것이 곧 '인'이다. 다산은 말한다.

사람과 사람이 본분을 극진히 하면 이를 일러 '인'이라 한다. 자식이 있는 사람은 효제(孝悌, 부모에게 효도하고 형제간에 우애가 있는 것)가 인의 근본이 라고 이야기한다.

—《논어고금주》

'인'은 본분을 극진히 하는 것이요, 그 본분은 도리다. 아버지는 아버지다워야 하고, 아들은 아들다워야 한다. 형은 형답고 동생은 동생다운 곳에 인류의 인이 성립된다. 인은 일방적인 관계에서 단독으로 이루어지는 것이 아니다. 그렇기에 인이 실천되지 않는 것은 어느 한쪽만의 잘못은 아니다.

다산은 더 나아가《맹자요의》에서 '인은 사람의 마음'이고, 인이 사람의 마음이라 함은 '인은 사람의 집'임을 의미한다고 했다.

즉 인은 사람이 실천하면 집같이 편안하고, 사람의 집이자 삶의 터전

인 것처럼 인은 곧 사람의 사람다움의 근거가 된다는 것을 알 수 있다.

덕도 그러한 것이니 곧은 마음이 실행으로 옮겨지면 이를 일러 덕이라고 한다. 그러므로 《대학》에서는 효, 제, 자를 명덕明德이라고 생각한 것이다. 《논어》에서는 나라를 사양한 것을 지극한 덕이라 여겼으니 실제로 행동이 이미 나타나면 덕이라 일컫게 되는 것이다. 마음의 본체는 담담하게 비어 있는 광명光明이라 하지만 어찌 그런 것이 있을 수 있겠는가. 마음에는 덕이라고는 없는 것인데 하물며 인은 더 말할 나위가 있겠는가.

—《논어고금주》

다산은 인과 덕은 의지로 실천하는 데서 나타난다고 주장한다. 그러나 '마음을 정적으로만 보아서 명경지수明鏡止水 같은 마음이 있을 수 있겠는가'라고 지적하지만 마음 자체가 곧 인과 덕은 아니더라도 우리는 그 마음을 통하여 인과 덕을 실천하는 기능이 있지 않은가.

이 점에 대하여 다산은 "인仁할 수 있는 이치는 본심本心 가운데 있다"고 하며, 인의 이치는 본심에 있으나 실천이 중요하다고 강조한다. 따라서 인이라는 것도 마음에 간직하지만 말고 행위를 해야 한다고 함으로써 마음의 정적인 면을 넘어서 활동적인 면을 주장하는 것이다.

덕도 마찬가지다. 덕을 가져야겠다고 입으로만 부르짖는다고 생기지 않는다. 덕이 될 만한 행위를 하나라도 실천해야 하는 것이다. 이러한 의미에서 인을 실천하는 데서 인의 참 가치를 찾고 있음을 본다. 결코 인은 관념적이 될 수 없다.

인은 천리(天理, 천지자연의 이치)가 아니라 사람의 덕이다. 공자는 '극기복례해야 인이 된다'고 하였으니, 인욕을 극복한 연후라야 인이 됨을 밝힌 것이다. 만일 극복하기 전에 마음속에 인과 인욕이 있으면서 서로 이길 수 있다면, 이는 이미 인한 후에도 사욕과 더불어 서로 싸우게 되는 셈이니 인이란 것의 됨됨이 그대로 선악이 아직 결정되지 않은 물건으로 되는 잘못을 범하는 것이다.

—《맹자요의》

다산은 인이란 극기복례에서 이루어지므로 어디까지나 인간적 의지와 노력에서 비롯됨을 강조하고 있다. 더 나아가 마음속에서 인을 실천할 것인가 하지 않을 것인가를 싸워나가면서, 인이 이루어졌다고 한다면 이것은 바른 인이 될 수 없다. 이렇게 되면 인한 이후라도 사욕과 더불어 싸우는 형식이 된다. 따라서 인이란 자기 마음속에서 순수하게 자기가 극기克己된 연후에 나타나고 실천되는 것이다.

즉 인은 철저한 순수성에서 이루어져야 하는 것이다. 다산이 인은 천리가 아니라고 한 점도 인이야말로 인간과 인간과의 관계에서 인간 윤리를 보여주는 것이기 때문이다. 인간이 다른 동물과 다른 점은 곧 인간이 자율적 윤리를 가졌다는 데 있다.

여기에 다산 윤리학의 근거가 있다. 다산은 인을 다시 "인이란 인륜에서 이루어진 덕인데 인이 그 때문에 근본이 되고 예약이 그로 말미암아 생겨나는 것"이라고 함으로써 인이란 인륜의 덕으로 인간과 인간 사이에 맺어진 그 깊은 본분을 다하는 것이라고 한다.

그러므로 덕으로써 인에 이루어지는 것이다. 이러한 인륜의 덕으로 다산은 효제자孝悌慈를 대표로 꼽는다.

"아비는 자애롭고 아들은 효도하며, 형은 우애하고 아우는 공경하는 것이 인"이라는 말은 이것만이 인이라는 뜻은 아니다. 이 덕목이 인의 대표임을 말하는 것이다. 사람과 사람과의 관계를 극진히 하는 것은 모두가 인이라고 할 수 있기에 다산의 인의 개념은 포괄적이다. 그중에서 효제자는 인의 구체적인 한 모습이다. 결론적으로 극기복례하여 모든 양측의 관계에서 자기 본분을 극진히 다하는 것은 모두 인이다.

5부

좌절과 약점을
극복하는
공부

茶山 丁若鏞

의지의 존재로서의
인간

　큰 어려움이 있어도 어려움을 어떻게 받아들이냐에 대한 바른 태도와 의지가 있다면 이겨낼 수 있다. 우리는 흔히 헝그리 정신을 이야기한다. 시장이 반찬이라고, 배고플 때 먹는 음식은 대체로 다 맛있다. 강렬한 결핍감을 느낄 때 인간은 움직이게 된다. 모든 것이 만족스러우면 안주하는 것이 인간이 가진 보편 습성이다. 공부할 때 자신에게 주어진 조건이 남들보다 나쁘다고 해서 비관하지 말고, 오히려 그 조건을 약으로 삼는 지혜가 필요할 것이다.

　마융馬融과 정현鄭玄을 유학자라 하지만 권력이 당대에 막강하여 외부에서는 제자들과 학문을 가르쳤으나, 내부에서는 기생과 음악을 즐기며 놀았다. 그 생활의 화려함과 부유함이 이와 같으니 경전을 궁리하는 데 정밀함이 부족했다.

후에 공안국孔安國과 가규賈逵 같은 사람들도 유림의 달사(達土, 통달한 선비)였으나 심기가 정밀하지 못하여 안개 낀 것처럼 어리석었다. 그러다 곤궁함을 알게 되고 나서 저서를 내기 시작했다. 아무리 총명한 선비라도 곤궁한 지경을 겪어보고 수레의 시끄러운 소리가 없는 조용한 곳에서 종일 한적하게 지낸 연후에야 경전과 예법에 관한 정밀한 뜻을 얻을 수 있는 것이다. 천하의 공교로움이 이와 같은 것이다.

권력과 재물을 가졌을 때와, 유흥에 빠졌을 때는 경전을 엉터리로 해석하게 되지만 오히려 곤궁한 뒤에는 경전을 제대로 해석해서 자신의 책을 낼 수 있었다는 것이다. 머리가 좋은 학생이라도 모든 것이 풍족하면 방종하게 되어 공부를 제대로 할 수 없다. 그러나 곤궁하고 외롭게 되면 오히려 그것을 발판으로 삼아 공부에 집중할 수 있다. 그것이 천하의 신비한 이치라고 다산은 강조하고 있다. 물론 자신의 삶으로써 증명하기도 했다. 비록 지금 불편하고 부족하더라도 때로는 그 불편함이 자신을 움직이게 만드는 원동력이 될 수 있다.

물고기를 먼 곳에서 운반할 때 수조에 천적 물고기를 넣어두면 더 싱싱하게 살아 있다고 하지 않는가. 부족함을 자신의 동력으로 삼을 수 있다면 남들보다 더 큰 성공을 거둘 수 있다.

'인간이 의지의 존재'라는 것은 다산을 대표하는 철학이다. 다산은 인간에게 3가지 속성이 있다고 했다.

마음속에는 3가지 이치가 있다.

첫째, '성性'은 선을 즐거워하고 악을 수치스럽게 여긴다. 이것이 맹자가 말한 성선설이다.

둘째, '권형權衡'은 선을 행할 수도 있고 악을 행할 수도 있다. 이것이 고자의 단수 비유와 선악이 섞여 있다는 양웅의 설이 발생한 원인이 될 것이다.

셋째, '행사行事'는 선을 행하기는 어렵고 악을 행하기는 쉽다. 이것이 순자의 성악설이 나온 유래다. 순자와 양웅은 성이라는 글자를 오해해서 그 설에 오류가 있지만, 우리 마음에는 본래 이 3가지 이치가 있다.

첫째는 선을 좋아하는 성이다. 둘째는 선 혹은 악을 행할 수 있는 권형(여기서는 선악 또는 음양의 양측을 조절하는 자로서 자유 의지)이다. 셋째는 악함에 빠지기 쉬운 형세다. 여기서 가장 중요한 것은 선택의 의지, 권형이다. 사르트르(Jean Paul Sartre, 1905~1980)는 '인간이 자유롭도록 저주받았다'고 했는데, 다산은 종교적 태도로 '우리에게 자유 의지가 있어서 짐승과 다르게 선할 수 있다'고 했다.

고대 경전은 모두 악함으로 가기 쉬운 형세를 선함으로 돌리기 위한 노력의 결실이라고 할 수 있다. 공자는 주나라의 시를 정리해서 《시경》을 지었다. 공자는 《시경》의 시 300편을 한마디로 줄이면 '생각에 사악함이 없는 것'이라고 하였다.

이 셋 중에서 가장 중요한 것을 '권형 즉, 자유 의지'라고 보았다. 인간의 미래가 과거의 경험이 아니라 현재의 결단과 의지에 의해서 바뀔 수 있다는 아들러(Alfred Adler, 1870~1937)의 심리학과도 유사하다.

아들러는 프로이트(Sigmund Freud, 1856~1939)의 결정론적인 사고방식에 반대하였다. 프로이트가 리비도libido 같은 성욕이나 이드id라는 본능에 의해서 인간의 모든 활동이 결정되고, 어린 시절의 경험에 의해서 미래의 행동이 결정된다고 한 반면, 인간은 사회적 환경의 영향을 받으며 열등감이나 우월감 같은 동기에 의해서 좌우된다고 보았다. 특히 스스로가 만든 성취동기에 의해서 자신의 미래를 새롭게 개척할 수 있다고 보았다. 이 이론을 바탕으로 아들러가 개척한 개인주의 심리학은 많은 정신질환 환자들에게 새로운 길을 열어주었다고 한다.

많은 사람이 어려운 일을 당해서 좌절하고, 자기 비하를 하다 더욱 몰락하여 인생을 끝마치는 수가 있다. 좌절감을 준 사건보다 자기 비하가 오히려 삶에 더 큰 재앙인 셈이다. 자기 연민, 자기 비하로 자포자기하는 것은 험한 일은 나에게 벌어지지 말고, 오직 좋은 운이 하늘에서 떨어지기를 바라는 요행 심리에서 나온 원망이나 억울함이 아니면, 누군가의 동정을 바라는 수동적 태도가 포함되어 있는 경우가 많다.

무제(武帝, B.C.156~B.C.87)는 한나라의 융성기를 이끌던 왕이다. 유능한 왕이지만 감정적인 게 흠이었다. 무제는 이릉 장군을 시켜 흉노를 정벌하게 하였다. 이릉은 10배가 넘는 기병을 맞아서 10일간 잘 싸웠으나 패하고 말았다. 이릉은 권토중래를 노리며 흉노족에게 항복했다. 이릉이 전사한 줄 알았던 왕은 항복한 이릉이 흉노족에게서 칙사 대접을 받고 있다는 사실을 듣고 크게 분노하여, 일가족을 몰살하라고 명했다. 이릉의 사정을 잘 아는 대신들은 부당한 명령임을 알았지만 난폭하고 감정적인 무제의 성정을 잘 알기에 누구도 나서서 말리지 못했다.

이때 이릉과 친분이 있고 용맹함을 잘 알던 사마천이 목숨을 걸고 나서서 변호했다.

"이릉은 소수의 보병으로 수만의 기병과 잘 싸웠으나 원군이 오지 않아 아군들 사이에서 배신자까지 나오는 상황이라 투항한 것입니다. 훗날 황제에게 돌아와 은혜를 갚을 맹장이니 이릉을 용서해주십시오."

한 무제는 이 말을 듣고 분기탱천하여 사마천을 죽이든지 궁형에 처하라고 명했다. 사마천은 궁형을 받아들이기 전날, 친구에게 편지를 썼다.

"내가 법을 따라 사형을 받는 것이 어떤 의미가 있을까. 소 9마리 중에서 털 1개가 빠진 것과 같다. 그런 삶이 땅강아지나 개미 같은 미물의 삶과 뭐가 다른가. 내가 죽어도 세상 사람들은 절개를 위해서 죽는다 생각하지 않고, 큰 죄를 짓고 어리석게 죽었다 생각할 것이다."

사마천은 수모를 견뎌 살아남았고 관직에 복귀하여 불후의 역사서 《사기》를 집필하였다.

한때의 큰 시련으로 좌절하여 세상에서 영영 일어나지 못하고 사라지고 마는 것은 세상에 흔한 일로 아무도 관심을 가지지 않는다. 어떻게든 스스로의 힘으로 삶을 바꿔나가는 것이 중요하다. 다산 정약용 선생은 그렇게 좌절을 이겨냈기 때문에 대학자가 될 수 있었다. 오랫동안 절망적인 삶이 계속되더라도 주체성 있는 태도로 자기비하를 하지 않는다면 어떻게 될까. 역사적인 인물까지는 되지 못해도, 소소하더라도 행복한 삶으로 바꾸고 작게라도 의미 있는 흔적을 남길 수 있을 것이다.

우리의 미래는 지금 우리의 선택과 의지, 권형에 달려 있다. 지금 우리가 비록 곤궁하고 힘든 상황이라면 더 큰 성공의 발판으로 삼을 수 있다. 긍정적으로 받아들이고 적극적으로 다산이 말한 권형의 자유 의지를 발휘해서 헤쳐나가자.

남보다 백배의
공력을 들여라

실패한 자는 겸손해야 한다. 실패를 하고도 남 탓이나 환경 탓이나 운을 탓하는 사람들을 주변에서 흔히 볼 수 있다. 이 사람들은 대체로 오만하고, 현실을 받아들일 수 없으므로 뭔가에 중독되어 세월을 보내고 더 깊은 수렁에 빠져든다.

그들이 곤란에서 벗어나오지 못한 이유는 실패가 아니라 오만 때문이다.

편지를 받으니 위로가 되는구나. 둘째의 필법이 조금씩 좋아지고 문리에 발전이 있으니 나이를 먹은 덕이냐? 시시때때로 학습한 덕이냐? 결코 자포자기하지 말라. 성실하게 전력을 다하여 독서하고 책을 베껴 쓰며 저술하라. 혹시라도 방만해지는 일이 없어야 할 것이다. 폐족이 글공부를 하지 않고 예의가 없다면 어떻게 감당할 것이냐? 평범한 사람들보다 백배의 공을 들여야 겨우 사람 구실을 할 수 있을 것이다. 나는 고통이 심하구나. 그러나 너희들이 책을 열심히 읽고, 몸가짐을 삼간다는 말을 들으면 모든 우환이 말끔하게 사라진다. 첫째는 4월에 말을 타고 한 번 오너라. 하지만 벌써 헤어질 것에 마음이 쓰이는구나.

학문이 늘어나는 것에 대한 칭찬과 주마가편走馬加鞭으로 더욱 분발할 것을 노력하는 내용이다. '폐족 집안의 자제로 자포자기하지 말라'는 말에서 애틋함이 묻어난다.

'평범한 사람들보다 백배의 공을 들여야 겨우 사람 구실을 할 수 있을 것'이라는 말에서 다산 선생의 삶에 대한 겸손한 태도를 볼 수 있다.

다산에게 겸허한 태도가 없었다면 결코 그 많은 학문을 집대성하고, 숱한 저술을 남길 수 없었을 것이다.

만약 학문에서 한 번 실패했다면 마땅히 다산의 태도를 본받아야 할 것이다. 남들보다 훨씬 더 많은 노력을 해야, 남들만큼이라도 할 수 있다는 겸손한 태도를 가져야 한다.

수학계의 노벨상이라는 필드상을 수상한 일본의 유명한 수학자 히로나카 헤이스케(広中平祐, 1931~)는 자서전에서 이렇게 말했다고 한다.

어떤 문제에 부딪치면 나는 남보다 시간을 두세 곱절 더 투자할 각오를 한다. 그것이야말로 평범한 두뇌를 지닌 내가 할 수 있는 유일한 방법이다.

히로나카 헤이스케는 서울대학교 석좌 교수이며, 하버드대학교 수학과 명예 교수였다.

이러한 인물도 자신이 평범한 두뇌를 가지고 있다고 생각하고, 남들보다 몇 배의 시간을 투자해서 공부를 했다. 그런데 우리는 어떠한가. 부모를 탓하거나 환경을 탓하거나 재능을 탓하는 것은 학문을 대하는 태도가 지나치게 오만한 것이 아닌가.

부족하면 더 열심히 하고 한 번 실패했다면 남들보다 몇 갑절 더 공력을 기울이면 될 것이다.

공부의 완성도를
기한다

《맹자》는 이렇게 말했다.

어떤 일을 완성한다는 것은 우물을 파는 것에 비유할 수 있다. 아무리 깊게 팠어도 물이 솟아나는 데까지 도달하지 못하면 중도에 포기한 것이니 우물물을 팠다고 할 수 없다.

공부가 완성되기도 전에 성급히 세상의 명리를 얻으려 나서게 되면, 실패를 면하기 어렵다. 물은 99도에 이르러도 1도가 모자라면 끓지 않는다. 양질 전화가 일어나는 특이점, 임계점에 이르기까지 충분히 성숙해야 원하는 성과를 거둘 수 있다.

퇴계 선생은 참판 박순朴淳에게 답하는 편지에서 이렇게 말했다.

"바둑 두는 것을 보지 못했습니까? 한 수라도 실수하면 전체 판에서 패하고 맙니다. 기묘년의 영수(領袖, 우두머리) 조광조가 학문이 완성되기 전에 큰 이름을 얻어 성급하게 경세제민經世濟民하는 일을 스스로 맡았습니다."

(중략)

예부터 세상에 나아가기를 탐하는 무리들은 임금을 증오하는데도 아첨하며 쓰이기를 바라고, 조정이 참소하는데도 반박하며 나아가려고 한다. 백성이 원망하는데도 임금을 속여서 자신의 위치를 견고하게 하고자 한다. 그런 자들은 반드시 세력과 운이 다하면 결점과 재난이 일어나 우두머리가 무너지고 나서 부하들이 사방으로 흩어질 것이다. 명분도 없는 죄안(罪案, 범죄 사실을 적은 기록)은 9번 죽어도 밝히기 어렵고, 생각지도 못한 변고는 천 리 밖에서 함께 모인다. 결국 2미터가 넘는 몸을 부지하지 못하게 되는 사람이 잇따르게 되니 두려워하지 않을 수 있겠는가.

성실하게 한 지역의 임천(林泉, 숲속의 샘 또는 은둔하기 좋은 곳)을 얻고 소요한다면, 조정에 나아감과 물러감에 모든 현우賢愚, 득실과 시비, 영욕에 대하여 담담하게 되어 만물의 격에 맞출 수 있을 것이다. 내 본연에 있는 하늘의 마음을 보전한다면 퇴계 선생이 말한 죄인이 되지는 않을 것이다.

—《도산사숙록》

바둑은 백 몇 십 수를 잘 두다가도 한 수만 실수해도 패하게 된다. 마지막까지 악수가 나오지 않도록 신중함을 잃지 않아야 하는 것이다.

주나라 무왕이 은나라의 폭군 주왕을 물리치고 새로운 나라를 열었는데, 려旅라는 나라에서 기이한 개를 1마리 선물했다. 이 개의 이름은 '오'였다. 황소만큼 큰 개로 난폭하지 않고 사람들의 말을 알아들었다고 한다.

무왕이 이 개를 아끼고 가까이 하자 동생인 소공이 희한한 물건에만 이끌려 정사를 제대로 돌보지 않을 것을 걱정하였다. 결국은 무왕에게 찾아가서 일깨워주기를.

"아, 왕이 된 사람은 아침부터 저녁까지 태만하게 있을 시간이 잠시도 없다. 작은 일이라도 실수하면 큰 덕을 해치게 된다. 흙을 쌓아서 산을 만들고 있었다. 조금만 더 쌓으면 9길의 산을 완성하는데, 높이가 거의 다 되었다고 생각해서 삼태기의 흙을 옮기는 데 게을리하면 지금까지 해온 일이 허사가 되지 않겠는가."

이 말을 듣고 무왕은 기이한 선물을 애호하여 시간을 허비하는 일을 없앴다고 한다.

—《서경》〈여오旅獒 편〉

공휴일궤功虧—簣는 이처럼 '9길 산을 쌓는데, 삼태기의 흙이 모자라서 공을 이룰 수 없다'는 구절에서 생긴 말이다. 목적이 코앞에 있는데 약간의 노력을 더하지 못해서 실패함을 경계하는 말이다.

다산의 글로 돌아오자. 정암 조광조는 학식이 있고, 바른 자세를 가진 선비였지만 젊은 나이에 성급히 세상을 바꾸려다 모함을 받고 죽임을 당했다. 결국 조광조를 따르던 당파의 많은 선비들이 화를 입어야 했다. 조광조가 조금만 더 세상의 이치에 밝았다면, 조금만 천천히 세상을 바꾸려고 했다면 자신도 구하고 나라도 구했을 것이다.

　준비가 덜 된 상태에서 세상에 나오는 것은 때로는 이렇게 큰 위험에 처하게 만들기도 한다. 공부도 마찬가지다. 마지막까지 완숙해지기를 기다려야지, 이만하면 됐다고 생각하는 순간 낙방의 아픔을 겪는 것이다.

잘못을 고치는 일을
부끄러워하지 않는다

공부하는 자의 자세는 늘 유연해야 한다. 잘못 알고, 잘못 표현된 것을 부끄럽다고 물어보거나 고치는 일을 주저하면 발전이 없다. 다산은 적극적으로 배우고 잘못을 고치는 일은 현자들만이 할 수 있는 일이라고 했다. 이렇듯 처음 배운 것만이 옳다고 믿고 고치기를 꺼린다면 공부에 발전이 없을 것이다.

자신을 버리고 남을 따라서 허물 고치기를 거리끼지 않고, 말을 내세워 뜻을 보이는 것은 부화뇌동하는 것이 아니다. 모두 옛 현철들의 풍류운사(風流韻事, 풍류와 운치가 있는 일)로 후생들이 능히 따를 수 있는 일이 아니다. 정자와 주자 같은 현철들도 주위의 문인들과 지인들에게 자신의 저술에서 오류를 지적하게 한 다음 글을 연마하고 다듬었다.

초학자와 말류未流들은 우연히 기록한 것을 고집부리고 바꾸려 하지 않으며, 보물처럼 간직하고 사람들을 만나면 과시하고 칭송받으려 한다. 그러다 흠을 지적받고 수정하라면 불쾌하게 여기면서 강한 말로 거짓을 말하고, 안으로는 부끄럽지만 밖으로는 잘못을 인정하는 것에 인색하여 구차하게 봉합하고 지나가려 한다. 이것을 그 옛날 현철들이 가졌던 천하의 공정한 마음과 비교하면 과연 어떠한가.

생물은 늘 살아서 활발하게 움직인다. 공부도 생물 같은 것이다. 공부 역시 마찬가지다. 공부가 살아 있지 않으면 정체하는 것이다. 다산은 퇴계가 공부에 대해서 이렇게 역동적으로 표현한 것을 깊이 되새겼다.

퇴계 선생은 노이재盧伊齋에게 재차 답하는 편지에서 이렇게 말했다.
"'활기가 없으면 정체된다'는 것에 대해서 내가 전날에 본 것은 오류가 많았습니다. 이제는 깨우쳐줌을 따르려고 합니다. 비록 미세할지라도 선생님께서 근본을 발견한 점이 천하에 큰 용기를 가진 자가 아니라면 이렇게 할 수 없을 것입니다. 인간의 욕심이 깨끗이 사라지고 정화되어 천하의 이치가 흐르는 경지가 아니라면 이렇게 할 수 없을 것입니다."
세상의 문인이나 학자들이 한 글자 한 구절에서라도 누군가를 만나 지적을 당하면 속으로는 그 잘못을 알면서도 거짓으로 자신의 문장을 꾸미며 긍정하거나 굴복하지 않는다. 심지어 발끈하여 성난 얼굴로 가슴속에 품고 있다가 보복하는 사람도 있다. 이 모든 것을 보면서 느끼는 것이 있을 것이다. 어찌 문자만 이럴 것인가. 말로 논의를 주고받으면서 진행하는 곳에서는 더욱 이 병이 심한 것이다. 그러하니 마땅히 생각하고 또 생각하고 살펴서 이 병을 없애야 한다. 만약 잘못된 것에 대한 깨달음이 있다면, 마땅히 생각을 바꾸고 고쳐서 바른 것을 따라야 함부로 행동하는 소인배가 되지 않을 것이다.

—《도산사숙록》

우리가 과학이라고 생각하는 것도 시대가 변하면 더 나은 과학으로 대체된다. 뉴턴의 물리학 법칙이 아인슈타인의 상대성 이론으로 대체된 것처럼 말이다. 하물며 철학은 어떻겠는가. 다양한 주장들과 이론들, 지금의 발전된 사회에 더 잘 맞는 이론이 나오면 과거의 이론을 과감하게 폐기하고 받아들일 수 있어야 공부에 발전이 있다. 물론 자신의 부족함을 인정하는 용기가 필요하다. 그래서 다산은 '천하의 대용이 아니면 이렇게 할 수 없을 것'이라고 하였다.

허물이 없는 것보다
허물을 고치는 것이 더 훌륭하다

　세상을 살면서 잘못이 없기를 바랄 수 없다. 약점과 실수가 있다고 자책하지 않아도 된다. 허물이 많고 적고가 그 사람을 말하는 것이 아니라 자신의 허물에 대해서 어떻게 대처하느냐가 그 사람의 인품을 말하는 것이다.

　우리는 많은 실수를 통해서 배우고, 실수를 바탕으로 성공을 한다. 우리나라는 한 번의 실패가 나락으로 떨어지는 구조이지만 외국에서는 실패한 경험을 소중하게 여기는 문화가 있다. 전 세계 IT업계의 중심인 실리콘밸리를 실패의 요람이라고 한다. 실패를 바탕으로 재기한 이들이 눈부신 성공을 이룬 덕분이다. 야구 선수도 열 번 중에 일곱 번을 삼진 당해도 세 번만 안타를 치면 스타급 선수가 된다. 이렇듯 누구나 실패를 하고, 누구나 약점이 있는 것이다.

공자는 제자 "안연은 두 번 잘못을 범하는 일이 없다"고 칭찬했다.

증자 같은 성인도 하루 세 번 자신을 반성했다. 《논어》 〈위령공衛靈公편〉에서 공자는 "잘못하고도 고치지 않는 것, 이것을 바로 잘못"이라고 하였다.

자공은 "군자의 잘못은 일식이나 월식과 같다. 군자가 잘못을 범하면 모든 사람이 알게 되고, 군자가 잘못을 고치면 뭇사람들이 전부 우러러 보는 것"이라고 하였다.

무언가 이루려고 노력하는 사람은 반드시 방황한다는 말도 있지 않은가. 심지어 다산은 퇴계와 옛 성현들의 말을 인용하여 '허물을 고치는 것이 허물이 없는 것보다 낫다'고 하였다.

퇴계 선생은 영천 군수에게 보내는 편지에서 이렇게 말했다.

"중문仲文이 비록 재차 허물이 있었으나, 능히 고쳤으니 오히려 허물이 없는 사람이라고 할 수 있습니다."

예부터 성현은 허물을 고치는 것을 귀하게 보았다. 간혹 처음부터 허물이 없었던 사람보다 더 나은 것으로 간주하기도 하니, 왜 그런가. 대개 사람은 실수하고 오차가 있는 곳에서 수치심이 변하여 분노를 드러낸다. 그래서 처음에는 문장을 꾸미게 되고, 끝내 일그러지고 거칠게 된다. 이런 이유로 허물을 고치는 것이 허물이 없는 것보다 어렵다는 것이다.

우리는 허물이 있는 사람들이다. 따라서 오직 개과(改過, 잘못을 뉘우치고 고치는 일) 이 두 글자에 마땅히 시급하게 힘써야 할 것이다.

오만하게 세상을 능멸하는 것이 하나의 허물이다. 기예를 믿고 재능을 드러내면서 자랑하는 것이 하나의 허물이다. 영화를 탐하고 이익을 도모하는 것이 또 하나의 허물이다. 은혜를 배신하고 원망하는 것이 허물이다. 비슷한 무리끼리 당을 만들어서 다른 쪽을 정벌하는 것이 허물이다. 잡서를 즐거이 보는 것이 하나의 허물이다. 새로운 견해를 내는 것을 좋아하는 것이 허물이며, 일일이 결점을 다 들 수도 없다. 여기에 마땅한 약제藥劑가 있으니 오직 고칠 개改 자다. 오직 고치기에 힘쓴다면, 우리 퇴계 선생도 '너는 허물이 없는 사람이구나'라고 할 것이다.

퇴계는 '허물이 있어도 고치면 없는 사람과 같다'고 했다. 허물을 고치는 것이 애초에 허물이 없는 것보다 나은 이유는, 대체로 사람의 일상 성정이 교육을 받기 전에는 다듬어지지 않아 거칠기 때문이라고 한다. 자신의 부족함을 감추기 위해 문장을 꾸며내고, 나중에는 화를 내면서 과격하게 바뀌는 것이 통상적이다. 완성된 인격을 가지고 태어나면 좋겠지만 그런 사람은 찾아보기 어렵다. 이런 결핍되고 편중된 인격을 고쳐나가는 것은 보통 어려운 일이 아니다. 따라서 허물이 없는 것보다 허물을 고치는 것이 더 훌륭한 일이라고 하는 것이다.

"우리는 모두 허물이 있는 자들"이라는 선언적 문구는 양반이라고 많이 안다고 으스대기만 했을 것 같은 유학자들에 대한 고정 관념을 깨뜨린다. 우리는 모두 누구나 잘못을 하는 약한 인간이라는 말이다. 다음으로 각종 허물에 대해서 구체적 사례를 정리하고, 그 처방은 '오직 고치는 것뿐'이라고 말한다. 다시 한 번 강조하지만 잘못은 누구나 할 수 있다. 그 잘못에 대해서 어떻게 대처하느냐가 중요하다.

공부를 하는데도 수학을 못하는 머리라느니 기억력이 나쁘다느니 집중력이 부족하다느니 집 안이 시끄러워서 공부하기 어렵다느니 하는 평계를 대면서 중도에 포기한다. 그런 약점을 갖고 있는 것이 부끄러운 것이 아니라, 그것을 평계로 공부를 포기하는 것이 부끄러운 것이다. 좋은 집안에서 천재 머리로 모든 과목을 잘하는 것보다 허물을 잘 파악하고, 솔직하게 인정하며, 고치려 하는 것이 더 훌륭한 사람이다. 그런 학인은 설사 당장 성적이 좋지 못하더라도 세월이 지날수록 더 큰 발전을 이룰 수 있을 것이다.

큰 공부의 성취는
실패 뒤에 온다

사람이 덕과 지혜와 기술과 지식을 익히게 되는 것은 대개 어려움에 처한
경험 덕분이다. 임금에게서 버림받은 신하나, 아버지의 사랑을 받지 못한
첩의 자식들이 매사에 조심하기를 큰 위기에 처해 있는 것처럼 행동하고,
재앙을 피하기 위한 방법을 생각하는 것이 심원하기에 사물의 도리에 통달
할 수 있는 것이다.

―《맹자》

대학 입시든 공무원 시험이든 공부나 시험에는 여러 급수가 있다고
할 수 있다. 다산은 높은 급수를 성취하려면 어느 정도 실패를 겪는 것
이 도움이 될 수 있다고 말한다. 힘든 환경은 공부에 큰 장애가 될 수 없
으며, 오히려 괴로움 없이 여유만 있는 상황에서 큰 공부를 성취하는 것

은 어려우니 간난신고의 상황이 공부의 밑거름이 될 수 있다는 것이다.

폐족은 과거를 보고 신하가 되는 일에만 문제가 있을 뿐 성인이 되는 길에
는 문제가 없다. 문장 공부에 거리낌이 없으니 지식과 이치에 통달한 선비
가 되는데도 문제가 없다. 문제가 없을 뿐 아니라 유리한 점도 있다. 과거로
인한 폐단이 없으므로, 곤궁하고 가난하며 고통이 따르지만 마음과 뜻을
단련할 수 있으며 지혜와 사려가 발달하게 된다. 사람과 사물의 실체에 대
해서 두루 정확하게 알 수 있는 것이다.

따라서 선배 율곡 같은 분은 수년간 아버지로부터 괴로움을 받고 방황하
다가 한 번 마음을 돌이켜 도를 이루었고, 우담(愚潭, 정시한丁時翰의 호) 선
생 같은 분도 세상으로부터 배척당하고 나서 덕을 이루었다. 성호 이익 선
생은 가정에 화를 입고 나서 명성 높은 유학자가 되었다. 이분들이 탁월하
게 이룬 것은 대갓집 자제들이 할 수 있는 것이 아니다. 너희들도 이 말을
들어본 적이 있을 것이다.

사람이 어려움을 겪으면 심지가 더욱 단단해지고, 어려움을 극복하는
과정에서 지혜를 갖추게 된다고 말한다. 율곡을 예로 들면서 율곡 역시
방황하고 나서 큰 도를 얻었으며, 집안의 어른인 정시한 선생이나 성호
이익 같은 대가도 화를 입은 이후에 더욱 큰 학자가 되었음을 역설한다.

다산은 좋은 집안의 덕으로 편안하게 성공하고 명성을 얻는 것보다,
어려움을 극복하는 공부가 더욱 아름다운 일이라고 말한다. 독서도 마
찬가지다. 다산은 독서야말로 집안을 살리는 일이며, 세상에서 가장 아

름다운 일이라고 강조했다. 그러면서 어려움을 겪은 것이 독서에 도움이 될 것이라고 강조했다.

폐족이 되어서 좋은 처지를 만났다고 하는 것은 무엇을 일컬음인가. 오로지 독서, 한 가지 일이 그렇다는 것이다.

독서는 인간이 할 수 있는 가장 깨끗한 일로, 좋은 옷을 입는 부잣집 자제는 그 맛을 알 수 없고 가난한 시골의 수재들도 그 오묘한 이치를 엿볼 수 없다.

관료 집안의 자제로서 어려서는 세상에 대해 들은 것이 많고, 중년에는 너희들처럼 어려움을 만난 자들만이 독서를 할 수 있는 것이니, 저들이 독서를 하지 않는다는 것이 아니라 의미도 모르고 하는 독서는 독서라고 이름 붙일 수 없기 때문이다.

편견일 수 있으나 다산은 독서에 대한 마인드를 어려서부터 기르고, 자라면서 어려움을 겪은 자들은 독서의 깊이를 제대로 느낄 수 있다고 말한다. 다양한 세상 경험을 해봐야 책에 담겨 있는 깊은 진의를 알 수 있기 때문이라는 것이다. 결국 어려움을 독서를 통해서 지혜와 실력으로 승화시키라는 말로 자식들의 독서를 독려하는 것이다.

천지 사이의 만물에는 자연적으로 원만히 모든 것이 갖춰진 것이 있다. 이것들은 특별할 것이 못 되며 오직 무너지고 결함이 있고, 깨지고 찢어진 것들을 잘 보수하고 다스려서 온전하게 만들어야만 그 공덕을 찬양할 수 있다.

따라서 죽을 지경이 된 환자의 병을 고친 사람을 좋은 의사라 부르고, 위태로운 성을 지키고 활로를 찾은 자를 명장이라 칭하는 것이다.

오늘날 권세 있는 집안, 공경대부의 자제들이 관을 쓰고 가문의 명성을 이어가는 것은 어리석은 자제라도 할 수 있다. 그러나 지금 너희 같은 폐족으로, 폐족의 신분을 바탕으로 선량한 길로 나아가 처음보다 더 좋은 가문으로 만들어낸다면 이 역시 기이하고 훌륭한 일일 것이다.

여기서 '기이하다'는 것은 현대처럼 기묘하고 이상한 것이 아니라 기특하게 좋다는 뜻이다. 이미 완전하고 좋은 것은 특별하게 아름답다고 할 수 없으며, 무너진 것을 보수하고 난치병을 고치며 어려운 집안을 일으키는 것이 기특하고 아름다운 공덕이 된다는 것이다.

그러니 고난에 맞서 좌절하거나 자기 비하를 하지 말자.

소금 수레를 끌며 운다는 뜻의 '염거지감鹽車之憾'이라는 말이 있다.

춘추 전국 시대 손양孫陽이라는 사람이 수레를 타고 가다, 천리마가 짐을 끄는 말과 함께 소금 수레를 메고 언덕을 올라오는 모습을 보게 되었다. 말이 옛 주인인 손양을 알아보더니 무릎을 꿇고 길게 목을 뽑고 울었다. 손양은 수레에서 내려 말목을 잡고 함께 슬피 울었다.

"천리마가 소금 수레를 끌고 다니다니 이럴 수가."

천리마는 고개를 숙여 한숨을 짓다가 고개를 들고 다시 한참을 울었다고 한다. 말을 보는 눈이 없는 소금 장수를 만난 천리마는 한낱 짐말로 살아갈 수밖에 없었다.

재능과 덕망이 있어도 불운한 처지를 만나면 비루한 생활을 해야 하는 것이 세상 이치다. 긍정적으로 받아들이고 미래를 기약해야지 현실을 도피하거나 자신을 비하하는 것은 아무런 의미가 없다.

자수성가한 사람, 스스로 어려움을 개척한 사람은 명문가에서 물려받기만 한 사람보다 훨씬 경쟁력이 있으며, 성공해서 일정한 지위나 업을 가진 이후에도 자신에게 닥칠 수 있는 여러 난관을 더욱 잘 헤쳐나갈 수 있다.

허명을 경계하지 않으면
난관을 면할 수 없다

자신이 가진 것보다 조금 더 대우받기를 바라는 사람은 오만하다고 비방받는다. 반대로 약간만 부족한 듯이 말하는 사람들은 겸손하다고 칭송받는다. 그 약간의 차이가 완전히 다른 두 사람을 만드는 것이다. 살다 보면 분에 넘치게 칭송을 받을 때가 있다. 그때는 위험한 그물에 빠진 듯이 해야 한다. 다산의 다른 호인 '여유'의 경계를 떠올려야 할 때인 것이다. 얼어붙은 강을 건너고 혼자 있는 집에서도 이웃들이 감시하고 있다는 듯이 주의를 해야 하는 것이다. 그 허명을 즐기기 시작하는 순간 한없는 수렁에 빠진다.

퇴계 선생이 이중구에게 답하는 편지에서 이렇게 말했다.

"사람들이 늘 하는 말이 있습니다. '세상이 나를 알아주지 않는구나.' 저 역시 이런 한탄이 있습니다. 사람들은 자신의 포부를 알아주지 못함을 한탄합니다. 하지만 저는 저 자신의 부족함을 모르는 것을 한탄합니다."

선생이 겸손하여 하신 말씀이다. 세상에는 이런 근심을 실제로 가진 사람들이 있다. 헛된 이름을 가진 사람들은 대체로 허명虛名이 비방의 원인이 되고 화의 원인이 된다.

나는 평생 총명함이 부족하다. 그것을 모르는 사람들이 나더러 기억력이 좋다고 할 때마다 땀이 나고 송구스럽다. 만약 이 상황을 자연스럽게 받아들이고, 사람들이 속는 것을 즐긴다면 어찌될 것인가. 하루아침에 난장이더러 1000근의 무게를 메고 일어나라 한다면 보잘것없는 힘이 다 드러나 처지가 궁색하고 답답하여 몸 둘 바를 모를 것이다. 이것은 두려워할 일이다.

선생은 경천위지(經天緯地, 천하를 조직적으로 계획하다)의 공부로 선현의 학문을 계승하고 후학들에게 길을 열어주는 대업을 이루었다. 당대 조정에 있던 공경들과 여러 사대부들과 성대한 종묘백관들조차 선생의 학문에 대해서 한두 가지도 제대로 엿볼 수 없었을 것이다. 선생은 오히려 부족하다 자처하며 자신의 포부를 알아주지 못함을 한탄하지 않았으니 겸손하고 겸손한 군자다. 선생이 아니라면 대체 내가 누구에게 귀의할 곳을 찾겠는가.

—《도산사숙록》

퇴계 이황 선생은 뭇사람들이 자신의 포부와 그릇을 알아주지 않는다고 속상해하는데 자신은 스스로의 부족함을 알지 못할까 봐 걱정한다는 것이다. 퇴계 선생의 높은 인품이 잘 드러나는 글이다. 퇴계의 이런 인품이 사화가 끊이지 않던 시대에 오랜 공직 생활을 하고, 임금의 총애를 받았음에도 안전하게 지켜주었다.

다산 역시 퇴계 선생의 이 겸허함 앞에 자신의 부족함을 고백한다. '총명함이 부족한데 기억력이 좋다고 할 때마다 송구스럽다는 것'이다. 이것을 만약 즐기게 되면 어느 날 갑자기 천근만근의 무게를 들게 하는 시험에 들어 한순간에 고꾸라지고 말 것이니 어찌 두려워하지 않겠느냐고 경계하는 것이다.

자신이 현재 절망적인 상태에 놓여 있다면 경박하게 명예를 구하지 말고, 마음을 비워야 한다. 헛되이 명리를 구하면 더욱 수렁에 빠질 수 있기 때문이다. 욕심을 줄이고 현재 자신의 상태를 긍정하고 나면 새로운 힘이 생겨날 것이다.

지위나 명예뿐 아니라 물질에 대해서도 마찬가지다. 내가 가진 것이 부족하면 부족한 이상으로 절약해야 하며, 남들 이상으로 일해야 한다. 다산은 자식들에게 내리는 가계(家戒, 가정 교육 지침)에서 이렇게 말했다.

나는 너희들에게 넉넉한 땅을 남겨줄 만한 벼슬을 하지 못했다. 오직 너희들에게 부적처럼 두 글자를 남겨주어 가난을 벗어나 넉넉한 삶을 살도록 하려고 한다. 이것을 가볍게 여기지 말라. 한 글자는 '부지런할 근勤'이며, 또 다른 글자는 '검소할 검儉'이다. 이 두 글자는 좋은 밭이나 질 좋은 흙보다 나은 것이다. 일생 동안 써도 다 없어지지 않는다.
그렇다면 무엇을 '근'이라 하는가. 오늘 해야 할 일을 내일로 미루지 말라. 아침에 해야 할 일을 저녁으로 미루지 말라. 맑게 갠 날에 해야 할 일을 비가 내리는 날에 하지 말며, 비 오는 날의 일을 맑은 날까지 연기해서 하지 말아야 한다.

늙은이는 앉아서 살펴보고, 어린아이는 봉양하며, 장정은 힘을 써야 하고, 병자는 지키는 일을 해야 한다.

부인은 사경(새벽 1~3시)이 되기 전에 잠자리에 들어야 하고, 집 안에 상하 가릴 것 없이 남녀 한 식구도 놀지 않아야 하며, 한시도 한가하게 보내는 일이 없어야 한다. 이것을 일컬어 '근'이라고 한다.

무엇을 '검'이라 하는가. 옷은 몸을 가리기 위한 것을 가질 뿐이다. 고운 천으로 만든 옷은 낡으면 처량해진다. 그러나 거친 옷은 낡아도 입을 수 있다. 옷을 재단할 때마다 계속 입을 수 있는지 생각해야 한다. 오래도록 입을 수 없는 옷이라면 고운 천으로 만들어 입지 않는 것이 좋다. 생각하고 헤아리는 것이 이와 같으면, 거친 것을 취하고 고운 천을 버리지 않을 수 없을 것이다.

먹는 것은 생명을 연장하기만 하면 되는 것이다. 진귀하고 맛있는 음식도 입 안에 들어가면 더러운 물건이 되니, 목구멍으로 넘길 것을 기다릴 것도 없이 사람들이 침을 뱉는 것이 되고 만다. 사람이 천지간에 귀하게 여기는 것이 바로 성(誠, 정성 또는 삼가는 마음)이니 조금도 속일 수 없다.

이처럼 내가 부족하면 부족한 대로 받아들여서 근검절약하고, 근면 성실하면 마음도 편해지고 성공의 발판도 마련할 수 있을 것이다. 명예, 지위, 재물 등을 모두 가진 것보다 조금만 낮은 마음을 가지면 편해지지만, 가진 것보다 조금만 높아지면 온갖 심적인 괴로움에 시달리고 더 큰 난관을 준비하게 되는 것이다.

춘추 전국 시대의 현자인 양자가 말했다.

백성이 편히 휴식을 취하지 못하는 것은 다음 4가지 때문이다. 첫째, 수명
이요. 둘째, 명예요. 셋째, 지위요. 넷째, 재물이다. 이 4가지에 얽매인 사람
은 귀신과 사람과 권세와 형벌을 두려워하게 된다. 이런 사람을 자연의 본
성으로부터 도망친 사람이라고 한다. 그를 죽일 수도 있고 살릴 수도 있으
니, 그의 생명에 제재를 가할 수 있는 것은 외부의 힘이다.

운명을 거스르지 않거늘 어찌 수명을 부러워하겠는가. 귀함을 과시하
지 않거늘 어찌 명예를 부러워하겠는가. 권세를 추구하지 않거늘 어찌
지위를 부러워하겠는가. 부를 탐하지 않거늘 어찌 재물을 부러워하겠는
가. 이런 사람을 자연의 본성을 따르는 사람이라고 한다. 이런 사람이라
면 천하에 대적할 상대가 없고, 그의 생명을 제한하는 것은 외부가 아니
라 그의 내부에 있게 된다.

주나라 속담에 '농사꾼은 앉아서 죽을 수도 있다'고 하였다. 농부는
아침에 나갔다가 밤늦게 들어오는 것을 타고난 천성이라 생각하며, 콩
국을 마시고 콩잎을 먹는 것을 맛의 극치라 여긴다. 살갗과 근육은 거칠
고 두꺼우며, 힘줄과 뼈마디는 굵고 팽팽하다.

그러다가 하루아침에 부드러운 털과 비단 장막 속에서 살게 하고 쌀
밥에 고깃국과 난초 향내 나는 귤을 먹게 하면, 마음이 병들고 몸이 피
곤해지며 속에서 열이 올라 병이 날 것이다. 또 상나라와 노나라 임금에
게 농사꾼같이 일을 시키면 1시간도 채우지 못하고 지칠 것이다. 그러므

로 시골 사람이 편하게 여기는 것과 아름답게 여기는 것은 천하에 그보다 더한 게 없다는 것이다.

겸손과 오만은 백지 한 장 차이다. 허명과 허세를 즐기고 싶은 마음을 경계해야 한다. 태도를 약간만 달리 하면 큰 난관에 빠질 일을 미연에 방지하고 편안한 마음으로 살아갈 수 있다. 마음이 먼저 편해져야 그때부터 한걸음씩 또 발전해 나아갈 수 있다.

천하의
2가지 기준

불행과 난관을 맞으면 우리는 실리를 선택할지 명분을 선택할지 당장의 위급함을 구할지 장기적으로 바라볼지 등등 다양한 기준을 바탕으로 고민한다. 이때 당장 눈앞의 이익에 급급하게 행동했다가 더 큰 위험을 초래하는 경우가 비일비재하다. 호미로 막을 것을 가래로 막는다고, 일신을 더욱 큰 위기에 처하게 하는 것이니 학문에도 큰 방해가 될 것이다.

보내온 편지는 자세히 읽어보았다. 천하에는 2가지 큰 판단 기준이 있다. 하나는 '시비'라는 옳고 그름의 기준이며, 다른 하나는 '이해'라는 이익과 손해의 기준이다. 이 2가지 기준을 바탕으로 4가지 등급이 생겨난다. 올바름을 지키면서 이익을 획득하는 것이 최상 등급이다. 올바름을 지키면서 손해를 택하는 것이 두 번째 등급이다. 잘못된 길로 나아가면서 이익을 얻는 것이 세 번째 등급이다. 최하는 옳지 못한 길로 나아가서 손해를 입는 것이다.

지금 나로 하여금 필천에게 편지를 보내서 안전을 도모하라 하고, 강가와 이가에게 연민을 구걸하라고 한다. 이것은 세 번째 등급을 구하고자 하나 네 번째 등급으로 떨어지고 말 것이다. 어찌 그런 일을 하겠느냐?

다산은 선택의 갈림길에 섰을 때 판단 기준으로 크게 2가지를 제시하고 있다. 하나는 옳고 그름이며, 다른 하나는 이익 여부다. 올바름을 따르는 것이 상위 2가지 등급을 차지하고 있으니, 항상 시비의 기준이 우선되어야 함을 강조하고 있다.

한 정치 지도자도 다산의 말씀을 따라 선거에 임하는 마음가짐을 이야기했다. 첫째로는 원칙을 지키고 이기는 것이요. 둘째는 원칙을 갖고 지는 것이라는 식이었다. 지금 당장 손해를 보더라도 올바름을 지켜나간다면 앞으로 닥칠 화를 면하고 일생을 평안하게 살아가는 기반을 마련할 수 있을 것이다. 현실에서 지키는 것이 쉽지 않겠지만 삶의 복잡다단한 어려움을 맞아 다산의 이 말씀을 되새겨본다면 현명한 판단을 할 수 있을 것이다.

내가 동정심에 호소한다 해도 무슨 이익이 있겠느냐. 강가와 이가가 다시 뜻을 얻어 정권을 장악한다면 반드시 나를 죽이고야 말 것이다. 그들이 나를 죽이는 것조차 순수順受하게 따르는 두 글자만이 있을 뿐이다. 하물며 관문關文 내는 것을 막는 것 같은 작은 일에 쉽게 절개를 잃어서야 되겠느냐.

다산이 강진에서 유배 생활을 하는 동안 석방될 수 있는 기회가 있었으나 번번이 반대파들의 극렬한 저지를 받아 무산되었다.

1803년(순조 3년), 대왕대비 정순왕후 김 씨의 특명으로 석방될 수 있었는데 서용보의 반대로 무산되었다.

1810년(순조 10년), 다산의 아들 학연이 임금이 행차하는 길에 징을 울려 아버지의 원통함을 고했으나, 이기경과 홍명주 등의 반대로 석방되지 못했다.

1814년(순조 14년), 사헌부의 조장한이 다산의 무고함을 주장하며 죄인 명단에서 다산의 이름을 삭제하고 관문(상급 관청에서 하급 관청으로 발송하는 공문)을 보내서 석방하려고 했으나, 강준흠과 이기경의 상소로 무산된다.

이쯤 되자 큰아들 학연은 강준흠이나 이기경에게 선처를 부탁하는 편지를 보낼 것을 권하지만 다산은 의롭지 않은 일이라고 거절한다.

어차피 겪어야 할 일을 억지로 피하려고 잔재주를 부린다면 나중에 소신도 잃고, 더 큰 위험을 겪게 될 수 있는 것이다. 반대파들이 요직을 차지하고서 그들이 언제든 마음만 먹는다면 나를 다시 죽음에 이르게 할 수 있는 것이니 오직 하늘의 뜻을 순하게 받아들이고 따를 뿐이라는 것이다. 오랜 간난신고를 인내한 다산의 철학을 잘 읽을 수 있는 글이다.

내가 돌아가느냐 돌아가지 못하느냐 이 문제가 큰일이기는 하지만, 생사에 비유하면 작은 일에 불과하다. 사람이라는 것이 때로는 생선을 버리고 곰 발바닥을 취해야 할 때가 있다. 하물며 돌아가는 문제 같은 사소한 일에서 어찌 연민을 구걸하여 아첨할 수 있는가. 모든 사람이 이렇게 할진대, 만일 남북으로 국가의 위험이 있을 때 임금을 배신하고 항복하지 않을 자 몇이나 되겠는가.

내가 돌아가는 것도 천명에 달린 것이고, 내가 돌아가지 못하는 것도 천명에 달린 것이다. 그러니 사람이 자신의 도리를 닦고서 천명을 기다리는 것이 이치에 맞다. 이미 사람이 닦아야 할 도리를 극진하게 했다. 그렇게 하고도 돌아가지 못한다면 그것 역시 천명일 것이다. 강 씨가 어떻게 나를 돌아가지 못하게 하겠는가. 마음을 편하게 하고 근심하지 않으면서 세월을 기다리는 것이 도리에 맞는 일이니 다시는 그런 말을 입에 담지 말라.

'웅장여어熊掌與魚'라는 말이 있다. 아래 글의 문구를 줄여서 웅장여어 혹은 어여웅장이라고 하는데 여기서 물고기는 삶이요, 곰 발바닥은 의로움이라는 뜻이다.

생선은 내가 먹고 싶어 하는 것이요, 곰 발바닥도 내가 먹고 싶어 하는 것이다. 둘 다 겸하여 얻을 수 없다면 물고기를 버리고 곰 발바닥을 취할 것이다.

—《맹자》〈고자장구告子章句 상〉

생계를 유지하거나 삶의 이익을 구하는 것과 의롭게 살아가는 것은 뭇 사람들이 둘 다 바라는 것이다. 하지만 이 둘 중 하나만 선택해야 하는 순간이 온다면 의로움을 따르겠다는 맹자의 결기가 잘 표현된 문구다.

사람이 살다 보면 과격한 결단이 필요할 때도 있는 법인데, 목숨을 구하여 아양을 떨거나 동정을 구하는 것은 더더구나 할 수 없다는 것이 다산의 판단이었다. 자신의 명에 대한 처분은 오직 사람의 도리를 다하며, 천명을 따르는 것이니 자신에 대해 염려하지 말라고 했다.

위기를 맞아 운명을 거스르며 사마귀가 수레바퀴에 달려들어서 이겨 보려고 하는, '당랑거철螳螂拒轍'의 어리석음으로 죽음에 이르는 것보다 때로는 도리를 다하며 세월을 보내는 것이 가장 현명한 해결책이자 덕성을 기르는 첩경이 될 것이다.

잘못은 과거부터
축적된 결과다

우리가 큰 사고를 겪어서 앞으로 남겨진 일을 감당하기 어려워 두려움에 떨고 있을 때, 어두컴컴한 방구석에 혼자 이렇게 생각한다.

'어디서부터 잘못된 것일까?'

우리는 관성에 의해서 살아가기 때문에 뭔가 잘못되어가도 잘 느끼지 못한다. 이미 돌이킬 수 없이 잘못되었는데도 모르는 경우가 허다하다. 이미 자신을 둘러싼 악취에 후각이 마비되어버린 것이다.

오랜만에 친구를 만나면 눈에 띄게 변한 모습을 보고 놀라게 되는데, 정작 당사자는 매일 거울 속에서 조금씩 변해가는 모습을 보았기 때문에 변화를 모르는 것처럼 말이다.

옛날 방고조旁高祖인 동지공同知公께서는 칠순이 넘은 나이에 풍중에 수족이 마비되는 병을 앓았다. 그래서 지팡이를 짚을 수밖에 없었는데, 매일 아침 식사를 하고 나서는 우리 집에 이르러 선조를 만나고 가셨다. 종손이셔서 하루라도 뵙지 않을 수 없었기 때문이다.

너는 칠순 노인이 종손을 섬기던 도리로, 백부를 섬겨야 한다. 차후에는 매일 아침 어머니의 안부를 살피고, 동쪽으로 가서 백부를 찾아뵌 후에 돌아와서 독서를 하라. 낮이나 저녁이나 틈 날 때 숙모들도 찾아뵈어라.

백부님이 팔이 아프셨을 때 너희가 벌레와 쑥을 약탕에 넣어 끓이고 좌우에서 보필하면서 밤낮으로 곁에서 떠나지 않고, 잠자리를 지키면서 애틋한 마음에 물러나지 못한 적이 있느냐? 이처럼 하고서 보살핌을 받지 못했더라도 더욱 효도하고 공경해야 하며 질시하거나 원망할 생각을 하지 말아야 할 텐데, 하물며 이렇게 하지도 않았다면 더 말할 것도 없다.

지금껏 너희들이 행동을 마음대로 하였으니 부형들은 노여움이 쌓이고, 불평이 자라났을 것이다. 마음속에 쌓아두고 겉으로 드러내지 않았을 뿐이다. 그러다 너희들이 와서 무엇인가를 부탁하자 마음속에 쌓인 불평이 밖으로 분출한 것이다. 너희들은 지금 눈앞의 일만 놓고 의심하여 "이 일에 내가 어떤 실수를 했길래 이런 처분을 내리는가?"라고 말한다.

너희들의 죄는 과거부터 있어왔던 것이다. 눈앞의 실수만 관련된 것이 아니라는 말이다. 생각하고 또 생각하여 평소에 행실을 돈독하게 해 부형들의 마음을 즐겁게 하여라.

다산이 웃어른들에게 오랫동안 예의를 다하지 않은 자식들을 질책하는 말이다. 자신들이 방만하게 생활해서 어른들이 그들의 요구를 들어주지 않게 된 것인데, 그것은 반성할 줄 모르고 지금 당장 일어난 일에 대해서만 불합리하다고 불평하는 것은 무의한 것이다.

우리도 눈앞에 일어난 사안만 보고 사람들이 나에게 이렇게 대할 수 있는가, 왜 나에게만 이런 불운한 일이 벌어지는가 하고 세상과 사람을 원망하지만 오랫동안 자신의 잘못이 축적된 것이 그런 식으로 표출되는 경우가 많다. 사람은 항상 자신을 돌아보고 허물을 고치기에 힘써야 한다. 널리 알려진 말로, 공자는 '덕을 쌓은 사람은 남은 경사가 있고 악을 쌓은 사람은 남은 재앙이 있다'고 했다.

《맹자》〈이루장구離婁章句 상〉에서 이렇게 말했다.

사람은 반드시 자신을 모욕한 후에, 남이 그 사람을 모욕하는 법이고, 한 집안도 반드시 스스로를 파멸한 이후에 남들이 그 집안을 파멸하는 것이며, 나라는 스스로 정복당할 수밖에 없이 다스린 후에 다른 나라에 의해서 정복당한다.

다음은 《송서宋書》〈단도제전檀道濟傳〉에 나오는 이야기다.

위나라와 송나라가 서로 경계하며 대치하고 있었다. 두 나라의 세력이 비슷했지만 송나라에 단도제라는 장수가 있었기에 송나라가 위나라를 침범할지언정 위나라에서는 먼저 공격을 걸어오지 못했다. 단도제는 송나라 으뜸 장수로 여포나 항우 같은 괴력의 소유자였으니 위나라 병사들이 그 명성에 짓눌려 감히 싸움을 걸어오지 못한 것이다.

그런데 송나라 간신들이 단도제의 명성이 높아지고, 전쟁에서 이긴다면 자신들의 위치를 넘볼까 봐 단도제를 끌어내릴 계획을 세운다. 그러다 결국 왕이 아픈 틈을 타서 단도제를 급습하여 사로잡았다.

천하의 호걸인 단도제는 눈을 부라리며 냉수를 1말이나 들이켜고 나서 바닥에 두건을 집어던지며 분노의 사자후를 토했다.

"만리장성을 이렇게 무너뜨리고 만단 말이냐?"

위나라 병사들은 단도제가 죽었다는 말을 듣고 이제 송나라는 두려울 것이 하나도 없다며 즐거워했다. 결국 송나라는 해마다 침범을 당하더니 점점 멸망의 길로 접어들었다.

국가가 오랫동안 내부적으로 부패하면 국력이 약해지고, 외국으로부터 멸망하게 된다.

한 개인도 마찬가지다. 내면부터 무너지고 외부의 재앙을 입는다는 것을 알아야 한다. 그렇기에 평소에 내면을 철저히 관리해야 하는 것이다.

《서경》에서도 "하늘이 내린 재앙은 피할 수 있어도, 스스로 불러들인 재앙은 피할 수 없다"고 하였으니 바로 이런 이치를 두고 한 말이다.

잘못은 과거부터 있어온 것이다. 이 말을 생각하면서 앞으로 난관에 빠지지 않도록 예방하고 지금부터라도 건강한 미래를 준비해야 할 것이다.

화목한 가정을 만들고
집안을 일으키는 공부

공부를 하는 첫 번째 목적은 특별한 사람이 아니라면 대체로 자신이 성공하고 평안한 가정을 이루는 것임이 현실이다. 경전에서도 수신제가 치국평천하라고 하지 않았는가. 결국 자신을 먼저 바로 세우고 집안을 평안하게 해야 사회적으로 큰일을 할 수 있는 것이다.

다산 역시 자식들에게 집안을 일으키고 화목한 가정을 만드는 것에 대해서 다양한 방법으로 강조했다.

주자는 이렇게 말했다.

"화순和順은 제가齊家의 근본이요, 근검은 치가治家의 근본이며, 독서는 기가起家의 근본이요, 순리는 보가保家의 근본이다."

이것이 거가居家의 4가지 근본이다. 근래 한 사람이 나에게 옛사람의 격언을 청하였다. 그래서 이 4가지를 목차로 삼고, 외지라 마땅한 서적이 없어 4~5종의 책에서 명언과 지론을 뽑아 정리해서 책으로 만들어주었다. 그 사람이 그 책을 돌아볼 생각을 않고 너무 높은 말씀이라고 버렸으니 속된 풍속에 빠져 있음이 가소로울 뿐이다. 문제는 이 책을 잃어버렸다는 것이다.

주자의 말을 빌려 가정의 도를 말하고 있다. 화합하고 순종함이 제가의 근본이고, 근검절약함이 가정을 다스리는 근본이며, 책을 읽는 것이 집안을 일으키는 근본이요, 매사 무리하지 않고 순리를 따르는 것이 집안을 보호하는 근본이라고 했다.

혹자가 찾아와서 이 4가지를 주요 목차로 한 다음 여러 책에서 초서하여 책을 만들어주었으나 자신이 따르기에는 너무 높고 원대하다 하여 버렸으니 가소롭고 애석한 일이라고 술회하고 있다.

베스트셀러였던 《부자 사전》에는 이런 말이 있다. "부자가 되는 길은 누구나 알 수 있다. 기꺼이 그 길을 가는 사람이 없을 뿐이다. 집안을 일으키고 화목한 가정을 만드는 방법도 명명백백하고 단순하다. 갖은 핑계를 대며, 그것을 기꺼이 따르는 사람이 적으니 애석할 뿐이다."

지금 우리 가문은 폐족이 되었고, 일가족들은 우리보다 가난하다. 옛날 우리 집안의 풍류와 문장의 아름다움은 사모할 만한 것이었으나, 지금은 삭막해지고 말았다. 우리 집안의 본래 모습은 이와 같았으니 너희들은 반드시 법칙으로 삼기에는 어렵겠지만, 그 말단의 모습을 보고 근본을 헤아려 보아야 할 것이다. 흐름을 거슬러 근원을 찾으면 실체를 찾을 수 있을 것이다. 너희들은 힘껏 협력하고 노력하여 그 모습을 만회하라. 그렇게 해서 30년 전의 옛 모습을 보존한다면 효도한 후손이라고 일컫게 될 것이다.

집안을 일으키는 방법에 대해서 말하고 있다. 지금은 비록 집안이 망가졌지만, 본래 근본은 옳았다라고 말하며 그것을 보여줄 수 있어야 한다고 강조한다. 그러려면 말단의 후손인 지금의 우리들이 올바로 살아야 하는 것이다. 그렇게 해서 폐족이 되기 전의 모습을 되살려낼 수 있다면 진정한 효자가 될 수 있을 것이다.

폐족이 되어 지위와 재물과 풍류와 문장을 잃어버렸다 해서 정신까지 잃을 수 없다. 가정이 화목하고 절도 있는 문화까지 망가지면 영영 과거의 영광을 회복할 수 없는 것이다. 말단인 지금을 열심히 살면 세월이 흐르면서 자연스럽게 올바른 근본으로 돌아갈 수 있는 것이다. 화목한 가정에 대해서는 다른 글에서 재차 강조한 바 있다.

사람의 집안에 화목한 기운이 있도록 꼭 노력해야 한다. 일가친척들을 만날 때나 친척과 빈객이 찾아오면, 기쁜 얼굴로 정성스럽게 대하고 여러 날 머무르게 해서 만족할 수 있도록 해야 한다. 무릎을 꿇고 단정하게 앉으면 차례로 문안 인사를 여쭤야 한다. 말을 하지 않고 웃지도 않으며, 하품이나 기지개를 하면서 침묵하여 손님들이 쓸쓸히 나가는데 만류하지 않으며, 전송할 때 마루에서 내려오지 않는다면 어떻겠는가. 이러한 자는 사람들이 따르지 않고, 평생의 복을 쳐내는 격이니 마땅히 경계해야 할 것이다.

사람 간의 정을 교류하고 화목한 기운이 감돌게 하는 것은 모두 관계를 어떻게 처리하느냐에 달려 있다. 관계의 철학을 강조했던 다산은 극기복례로 서로 예의를 다하고 예의 속에서 정을 나눌 것을 이야기한다. 자신을 이기고 따듯한 예의를 다하면 집안에 화목한 기운이 자연스럽게 감도는 것이다. 이렇게 하지 않고 지금의 편리함을 위해서 방만하게 종족을 대하면, 가정의 도가 허물어지고 좋은 기운이 사라지면서 평생의 복을 잃게 되는 것이니 분명한 경각심을 가질 것을 강조한다.

다산 인성론 5

사람을 향하는
사랑의 철학

모든 덕의 포괄적 의미로서 인은 어떤 것일까? 어떻게 하는 것이 인간의 본분을 극진하게 하는 것일까? 여기에 대해서 생각해보자.

인이란 다른 사람을 향한 사랑이다. 아들은 아버지에게 향하고, 아우는 형에게 향하며, 신하는 군왕에게 향하고, 목민관은 백성에게 향하듯 사람과 사람이 서로를 향하여 부드러운 사랑을 주는 것을 인이라고 하는 것이다.

—《논어고금주》

이처럼 다산이 말한 인은 다른 사람을 향하는 사랑을 의미한다. 그것은 무조건적이지만 각자의 본분이 있다. 아버지는 아버지로서 아들에게, 아들은 아들로서 아버지에게 주는 절대적 사랑이 있다. 한쪽이 상대방에게만 요구하면 서로 조화가 이루어지지 않고 균형이 깨져서 인륜이 성립하지 못하는 것이다.

유교의 인을 무조건적 상하의 윤리로만 규정하는 것은 잘못된 것이다. 오히려 서로가 자기의 본분을 다하고 각자가 주어진 절대적 사랑을 실천하는 데서 참된 인륜으로서 윤리가 성립되는 것이다.

주자는 "인은 사랑의 이치, 덕은 마음의 덕"이라고 하였다. 이 주장에 다산은 반대한다. 다산은 '인을 이치로 본다면 인이라는 글자의 진의는 알 길이 없다'고 비판한다. 주자의 인이라는 것은 사랑의 이치로서 있을 뿐이요, 실천적 요소가 없기 때문이다.

마치 성이 천지의 이치라고 생각한 것처럼 주정적이요, 일종의 형이상적 원리로서만 국한되게 하는 것이다. 따라서 다산이 해석한 인이라는 글자는 사람과 사람의 관계에서 사람을 향하는 사랑이라는 다산의 실천적 학설이 되는 것이다.

다산은 심지덕心之德도 '인륜지성덕人倫之成德'이라 하여 결과론적이고 성과적인 개념으로 파악하였다. 주자의 정적인 마음의 덕을 인간관계에서 이루어진 덕이라고 말함으로써 활동적이요, 실천적 표현을 하고 있다.

다산은 인간의 심덕心德과 인애仁愛는 구별된다고 한다. 즉 마음의 바른 자세를 덕이라 하고, 인애는 사람을 향한 사랑이라고 함으로써 나의 적극적 사랑을 요구한다. 남에게 향하는 사랑이란 주체적 사랑이며 자발적으로 나의 정성을 다하는, 즉 나의 본분을 극진히 하는 사랑이기 때문이다. 그렇기 때문에 심덕만 간직하고 있는 것은 인이라 할 수 없고, 자기의 할 바를 극진히 실천하는 데서 인이 나오는 것이기에, 인이 남에게 나타날 때는 적극적이요, 구체적으로 나타나야 한다.

> 그러므로 인애란 사랑의 동기라거나 심리석 현상이 아니라 결과에서 얻어지는 것이다. 그 결과가 남에게는 혜택이 되어야만 인애로 한데 묶어서 인이라 부를 수 있다.
>
> ─《논어고금주》

백성이 군주와 목민관의 은덕을 입게 된 연후가 아니면 '인'이라 부를 수 없다. 비록 군목과 백성의 관계뿐 아니라 모든 인간관계까지 확대시킬 수 있다. 그래서 모든 사람이 서로 사랑을 주고받을 때 인이 드러나는 것이다.

그래서 인은 한 가지로 정의내릴 수 없다. 인을 이러저러한 것이라고 한다면, 관계를 떠난 관념이 되므로 이미 인이 아닌 것이다. 그래서 공자도 인에 대한 정의를 내리지 않고, 제자들의 인에 대한 물음에 구체적 예시를 하나하나 들면서 인을 설명했던 것이다.

한편 다산의 이러한 논지를 통해 인간에게는 어떠한 사태 즉, 서로 간에 자기의 본분을 다하고 있는 사람의 모습을 보았을 때 인이라고 판단할 능력이 이미 주어져 있음을 믿을 수 있다. 인간에게 인을 판단할 도덕의식이 있음을 전제하고 있는 것이다.

다산은 인은 인륜에서 지선일 뿐 아니라 천하의 지선임을 역설한다.

인은 인륜의 관계에서 이루어지므로 멀리 있는 것이 아니라 아주 가까이에 있다. 나와 너의 관계에서 내가 너에게 주는 사랑, 거기에 인이 있다. 이때의 인은 물론 상대적이 아니다. 내가 너에게 이만큼 주니까 너는 나에게 이만큼 주라고 하는 것이 아니라, 너에게 절대적으로 주는 것이다. 이것이 향인지애다.

여기에는 사랑의 결과가 문제되지 않는다. 그러한 사랑의 미덕은 관념적으로 이루어지는 것이 아니라, 내가 그러한 행위를 해야 하는 것이다. 다산은 이러한 구체적 행위에서 인을 파악하고 있다. 그래서 선악의 판단도 마음속에 이미 내정되어 있는 것이 아니라 오직 인간의 노력 여하에 따라 결정되는 것임을 지적하고 있다. 이 부분은 이을호의《다산경학사상 연구》를 참조하였다.

그러므로 인륜의 성덕(成德, 덕을 닦아 큰 인격을 이루는 것)도 내가 스스로 구하여 실천하는 데서 이루어지는 것이요, 구체적으로 내가 남에게 사랑을 주는 데서 얻어지는 것이지 남이 나에게 가져다주는 것이 아니다. 결국 내가 어떻게 행위하느냐에 따라 결정된다. 한 번 인륜의 관계에서 인을 베풀었다고 그를 영원히 인仁한 사람이라고 할 수 없다.

인仁은 이루어짐이다. 단번에 인이 형성되는 것이 아니라 부단히 내가 남에게 주는 사랑이 쌓이고 쌓여서 인륜의 덕이 이룩되는 것이다.

결론적으로 다산의 향인지애로서의 인은 활동적이요, 구체적 행위에서 나타나는 것이다. 우리가 주목하는 것은 다산의 향인지애의 인은 조건적이 아니라 무조건적이라는 것이다. 그렇기에 인륜의 지선至善일 뿐아니라 천하의 지선임을 강조하는 것이다.

6부

사람들과
함께 살아가는
세상 공부

茶山 丁若鏞

관계의
철학

어리석고 오만한 사람들은 남을 하대하는 것으로 자신이 높은 사람이 된다고 생각한다. 인간관계는 거울과 같다. 당연한 말이지만 내가 다른 사람을 섬겨야 나도 존중받을 수 있다.

당나라 현종(玄宗, 685~762)이 집권하던 초창기에는 매우 정치를 잘해서 백성이 살기 좋았다. 현종 곁에는 명재상 요숭(姚崇, 650~721)과 송경(宋璟, 663~737)이 있었다. 요숭은 시대의 변화를 관찰하여 명석한 정책을 기획했고, 송경은 빠짐없이 그 정책을 실천했다. 현종은 이 두 재상을 스승처럼 섬겼다. 두 사람이 입실하면 항상 일어서서 맞이했고 나아갈 때는 문 밖까지 배웅했다.

이 시기를 중국 역사상 가장 정치를 잘했던 '정관의 치(국력이 강성하고 경제적으로 번영한, 당 태종이 다스렸던 626~649년의 통치 시기)'와 비유하여 '개원의 치(문화·경제·교역 등 다양한 측면에서 융성한, 현종이 다스렸던 713~741년의 통치 시기)'라고 부를 정도였다. 당 현종이 젊고 영민했던 시절에는 '인사가 만사'라는 것을 사람과 사람의 관계가 얼마나 중요한지를 잘 알고 있었던 것이다.

정약용 철학의 대표 특징은 '관계의 철학'이다. 정약용은 기존 성리학자들이 이야기한 완전히 텅 비어서 신령한 상태, 그런 마음이라는 것을 인정하지 않았다. 철학 자체를 하늘, 상제 같은 절대자와 생각하는 마음에서 출발하였기에 '관계'를 빼놓고는 생각할 수 없다. 실용적 학풍이라는 것 자체가 어떤 대상을 상정하는 것이기에 관계는 더욱 중요했다. 따라서 정약용의 철학적 사유에 대한 출발점은 '관계'를 빼놓고 생각할 수 없다.

두 사람을 '인仁'이라 한다. 아버지를 효로 섬기는 것이 인이다. 형을 공경하는 것이 인이다. 임금에게 충성하는 것이 인이다. 친구에게 신의 있게 대하는 것이 인이다. 목민관이 백성을 사랑하는 것이 인이다. 동방의 만물을 낳는 이치나 천지의 지극한 공적이 인이라고 가르치면 안 된다. 힘써 '서恕'를 행한다면, 인을 구하는 데 그보다 더 가까운 길은 없을 것이다.

증자가 도를 배우는데 일관(一貫, 일이관지一以貫之의 줄임말로 처음부터 끝까지 변함이 없다)으로 가르쳤고, 자공에게 도를 물었을 때 한 마디로 가르쳤다. 경례經禮 300가지와 곡례曲禮 3000가지가 서恕 하나로 일관된다. 인은 자기 자신에게서 비롯되는 것이니 극기복례하는 것이다. 이것이 공자 문하가 가르친 바른 뜻이다.

'성誠'은 서를 성실하게 행하는 것이며, '경'은 예로 돌아가는 것이다. 이것을 인으로 삼으니 성실하게 공경하는 것이다. 따라서 공구계신하고 상제를 밝게 섬기는 것이 인이다. 헛되이 태극을 높이거나 이치로써 천을 삼거나 인으로 삼는 것은 옳지 못하다.

정약용의 지론은 이런 것이다.

'어질다'는 것은 혼자 어진 마음을 가지는 것이 어진 것이 아니다. 관계에서 노력하는 것이 인이다. 따라서 인에 이르는 지름길은 내 마음에 비추어 남을 섬기는 '서恕'에 있다. 성실함 역시 이러한 서를 성실히 수행한다는 것이다.

증자와 자공의 도, 모든 예에 관한 경전이 일관되게 '서'라는 단어 하나에 있다. 서를 하려면 자신의 마음으로 돌아오고, 자신의 마음에 비추어 형체를 따르는 본성을 이기며, 하늘이 주신 본성을 따라 관계에 있는 상대방에게 성실하게 예를 다하는 것, 그것이 '경'이다.

이렇게 서를 성실하게 행하고, 경을 성실하게 행하는 것이 인이다. 상제, 즉 하늘을 섬기고 하늘이 주신 본성을 실천하면 인을 실현할 수 있지만 헛되이 태극을 높여서, 이치를 하늘로 섬기는 것은 인이 아니라고 역설한다. 이것은 역시 다산이 유학에서 도가의 성분을 제거하고, 서학과 미묘하게 결합되어 있는 철학이다.

본론으로 돌아가면 성리학에서는 세상 만물을 만들어내는 이치를 인이라 하고 인과 태극을 같은 것으로 보았다. 하지만 다산에게 인이란 추상적 말이 아니라 실천적 개념이다. 관계와 실천이라고 단호하게 말한다. 이 냉철하고 합리적 철학에 신비적 요소가 있다면 인간에게 천명지성을 부여한 서학, 즉 천주교의 하느님 같은 상제上帝가 있을 뿐이다. 가장 중요한 것은 서를 바탕으로 한 관계에서의 실천이다.

공자 역시 《시경》의 구절을 이용하여 말했다.

도는 사람에게서 멀리 떨어진 것이 아니다. 사람에게서 멀리 떨어진 도는 도가 아니다. 《시경》에는 도끼 자루를 베는 것은 그 법이 멀지 않다고 말한다. 사람들은 도끼를 들고 또 다른 도끼 자루를 베러 가서 무언가 굉장히 힘든 일을 해야 하는 것처럼 이 나무 저 나무 쳐다보고 어찌할 바를 모른다. 자기가 잡고 있는 도끼 자루에 맞춰서 그 크기에 맞는 나무를 베면 되는 것일 뿐인데 말이다. 충서忠恕의 도 역시 그러한 것이다. 자신이 원하지 않는 것을 다른 사람에게 베풀지 않으면 되는 것이다.

자신의 도끼에 비춰서 다른 도끼 자루를 만들면 되는 것처럼 자신의 마음에 비춰서 다른 사람을 대하는 것이 바로 충서의 마음으로, 다른 사람을 돕고 베푸는 방법이다. 이렇게 간단한 데도 실천할 생각을 하지 않고, 도끼 자루 베러 간 사람이 이 나무 저 나무 훑어보기만 하는 것처럼 어떻게 해야 할지 모르는 것을 안타깝게 여긴 공자의 말이다.

파자를 해보면 두 사람(이인二人)이 곧 인이니 유교 철학의 핵심인 인은 관계를 빼놓고 생각할 수 없다. 이러한 관계 철학의 관점에서 다산이 설파하는 사람 공부, 세상 공부의 도를 배워보자.

도움을 바라지 않으면
마음이 화평해진다

사람이 관계에서 마찰을 일으키는 것은 상대방에게 기대하는 것이 있기 때문이다. '내가 이 정도 해줬으니 상대방도 이 정도 해주겠지'라고 기대하는데 상대방이 그렇게 해주지 않으면 화가 나는 것이다. 식당에서 무례한 짓을 하는 손님들을 보면, '내가 돈 내고 밥 먹으러 왔으니 이 정도 대접은 받아야 돼'라고 생각하다가 그에 미치지 못하면 막말을 하고, 갑질을 하는 것이다. 이런 그릇된 기대가 분쟁을 일으키고, 자신의 마음을 평안하지 못하게 만드는 것이다. 사람과의 관계에서 이런 기대를 없애거나 낮추는 것이 평안한 마음으로 사는 길이다.

다산 역시 그와 같은 맥락에서 도움을 바라지 말라고 자식들에게 이야기한다. 몰락한 집안, 빈천한 집안, 권력도 재물도 없는 상태에서는 항상 누군가에게 기대려는 약한 마음이 생긴다. 심지어 도움을 받다 보면 당연하게 생각되기도 한다. 그것이 자신을 더욱 취약하고 비루한 사람으로 만드는지도 모르고 말이다. 어쩔 수 없이 도움을 받게 되는 일이 있더라도 짧게 최소화해서 자립하려고 하고, 적어도 당연한 일로 생각하는 일은 없어야 자신의 인품을 상하지 않고 빨리 재기할 수 있다.

너희들의 편지를 보면, 매번 일가친척 중에 보살펴주고 도와주는 사람이 없다고 한다. 신세를 한탄하여 구당瞿唐의 염예灩澦라거나 타이항太行의 양장羊腸 운운하는데, 하늘을 원망하고 사람들을 탓하는 말이니 큰 병이다. 내가 관직을 할 때 작은 우환이나 질병의 고통을 겪을 때마다 번번이 사람들로부터 큰 도움을 받았다. 어떤 사람들은 찾아와서 걱정해주고, 어떤 이는 안고 부축해주었으며, 어떤 이는 약을 지어서 보내주었고, 어떤 이는 식량을 끊어지지 않게 해주었다. 너희들은 이런 일을 습관적으로 보다 보니 매번 사람들의 은혜를 바라게 된 것이다. 빈천자의 본분이라는 것이 지금까지 다른 사람의 도움과 보살핌을 받을 수 없다는 것을 모르기 때문이다.

'구당'은 중국 쓰촨성에 있는 골짜기, '염예'는 입구를 막은 큰 바위다. 골짜기를 막은 큰 바위를 말하니 헤어날 수 없는 곤란을 가리킬 것이다. '타이항산맥'은 험준하기로 유명하고, '양장'은 양의 창자이니 꼬불꼬불하다는 의미다. 험준하고 복잡한 길을 걸어가야 하는 신세를 말한다.

하늘이나 누군가를 탓하지 말 것이며, 남의 은혜를 받다 보면 바라고 기대는 마음이 생기는데, 가난한 자의 본분은 보살핌을 받아서는 안 된다고까지 이야기하며 자식들의 안일해지기 쉬운 마음에 경각심을 불러

일으키고 있다.

하물며 여러 친족이 경향 각지로 흩어져 살아서 서로 깊은 은혜와 정이 없는 요즘 같은 때는, 서로 공격하는 것만 보지 않아도 인정이 두텁다고 여겨야 할 것이다. 그런데 어찌 도움을 바라겠는가. 너희는 오늘날 이렇게 망가졌어도 친척들과 비교해보면 오히려 부유하다. 다만 무력하여 사람들에게 미칠 힘이 없을 뿐 가난이 극심하지 않고, 다른 사람에게 미칠 힘이 없으니 누군가의 도움을 받을 수 있는 처지도 아니다. 모든 일을 집 안 내에서 마음을 써서 해결하려는 계획을 세우고 마음속에서 누군가의 은덕을 바라는 마음을 끊는다면, 자연히 심기가 화평해질 것이며 하늘을 원망하고 사람들을 탓하는 병은 사라질 것이다.

오래전부터 교류가 없다 보니 정이 없고, 서로 다투지 않는 것만도 감사해야 한다. 우리 집이 비록 힘이 다했지만 일가 다른 집에 비하면 사정이 오히려 낫다. 굶어죽을 지경까지는 아니니 아예 도움을 바라지 말고, 누군가의 도움을 바라는 생각을 없애버린다면 오히려 누군가에게 기대지도 원망하지도 않으니 마음이 평안해질 것이다.

절망적 상황을 이겨내는 데 가장 위험한 것은 어설픈 도움일지도 모르겠다. 정확히 말하면, 도움을 주는 사람에게는 죄가 없겠지만 받는 사람의 마음 자세가 문제될 수 있다. 알묘조장이란 말도 있듯이 싹이 자라기도 전에 뽑아서는 안 되고, 날개가 만들어지기도 전에 높은 곳에 올려놓아서는 안 되는 것이다. 기대하고 원망하는 마음은 나를 더욱 깊은 수렁에 빠지게 한다. 당장은 힘들겠지만 작은 은혜에도 감사하는 마음을 갖고, 도움을 기대하지 않으면 마음이 편안해질 것이고, 어떻게든 스스로 일어서려는 투지를 불태워야 한다.

우환의 고통을
나눠본 적이 있는가?

다산은 도움 받지 않기를 바라는 것에서 더 나아가, 먼저 도움을 베풀라고 말한다. '먼저 베푼다'는 것은 말처럼 쉬운 일이 아니다. 대개의 사람들은 항상 먼저 받으려 하고, 베푸는 것은 뒤로 미룬다. 굳이 인과응보를 이야기하지 않더라도 세상 사는 이치가 주는 대로 돌아오는 법이다. 먼저 베풀지 않고 받기만 바라는 것은 언제나 빈천하게 살아가겠다는 것이다. 재능이든 노력이든 마음이든 무엇이든 먼저 줄 것을 생각해야 한다.

일가들 중 여러 날 밥을 짓지 못한 이가 있을 때 적은 쌀이라도 내어서 도와준 적이 있느냐? 눈이 많이 와서 얼고 쓰러진 자를 보았을 때 한 묶음의 땔감이라도 내어서 따듯하게 한 적이 있느냐? 병이 있어 약이 필요한 자에게 한두 푼이라도 돈을 들여서 일어나게 도와준 적이 있느냐? 노인이 곤궁한 것을 보았을 때 때때로 찾아가 인사하고 공손하게 모시며 따뜻한 공경을 표한 적이 있느냐? 걱정 많은 사람을 보았을 때 근심을 나누고 해결할 방도를 의논해본 적이 있느냐? 이 몇 가지 일들을 너희들이 하지 않은 것이다.

그러면서 어떻게 일가들이 너희들의 급하고 어려운 일을 황급히 와서 도와주기를 바라느냐? 나는 베풀지 않으면서 다른 사람이 먼저 베풀기를 바라는 것은 네 오만한 뿌리가 아직 제거되지 않았기 때문이다. 이후로는 유념해서 평소에 아무런 일이 없을 때도 늘 공손하고 화목하고, 삼가는 마음으로 충심忠心을 다하여 일가의 환심을 얻을 수 있도록 노력하여라. 그렇게 한 연후에는 마음속에 보답을 바라는 싹을 남겨두지 말아야 한다.

별달리 해석할 것도 없이 명백한 말이다. 내 자질이 우수하고 내 포부가 훌륭하니, 즉 내가 잘났으니 힘들 때 사람들이 당연히 나를 도와야 한다고 여기고, 도움을 주지 않는 사람을 원망하는 것은 얼마나 오만한 태도인가. 가족이든 친구이든 이웃 사람이든 오만한 근성을 버리고 먼저 베풀어야 재기할 수 있다.

무도한 이웃과는
관계를 끊는다

먹을 가까이 하는 사람은 검어진다는 '근묵자흑近墨者黑'이라는 말이 있다. 사람이 착한 것을 본받기는 어려워도 나쁜 것에 물들기는 쉬운 법이다.

책을 가려서 읽어야 하는 것처럼 사람도 가려서 만나야 한다. 이와 관련하여 공자는 《논어》에서 이렇게 말했다.

함께 말을 나눌 수 있는 사람인데 말을 나누지 않는다면 사람을 잃는 것이다. 함께 말을 나눌 수 없는 사람인데 말을 나눈다면 그 말을 잃게 된다. 지혜로운 사람은 사람을 잃지도 않고, 말을 잃지도 않는다.

여기서 '말'이란 도道를 나누는 것을 의미한다. 도를 나눌 수 없는 불량한 사람과 이야기를 나누면, 그 도는 오히려 욕을 입게 되고 이용만 당하게 될 것이다.

도를 나눌 만한 선량한 군자에게 적극 다가가서 의논을 나누지 않는 것은 그 사람을 잃게 되는 것이다. 지혜로운 사람은 필요한 순간 소극적으로 행동하여 사람을 얻는 기회를 놓치지 않고, 불필요한 순간 경박하게 사람에게 말을 건네서 도를 잃지도 않는다.

다산은 관계를 매우 중시 여기고 이웃에게 먼저 베풀 것을 이야기하지만, 도가 부족한 방약무인하고 무도無道한 이웃과의 관계에 대해서는 단호한 태도를 보인다.

노비로부터 어린 친구 모 군이 두 집안에 상중인 사람들과 무뢰배들을 끌어 모아 종의 남편 집에 가서 끼니를 때운 후에 주먹질과 발길질을 했다고 들었다. 이 말을 듣고 놀라움을 금치 못했다. 이 무리들은 경서를 궁리하고, 행동을 삼가서 하늘이 주신 마음을 지키지 못하며, 어리석고 포악한 행동을 하여 점차 양심을 사라지게 하는구나.

지금 이들이 무리를 지어 마을을 횡행하면서 패악무도한 행동을 일으키니 사람들을 더 모은다면 어찌 도둑 떼가 되지 않겠는가. 좋지 못한 징조다. 사람으로 하여금 모골이 송연하게 만드는구나. 너희들이 혹시 이들과 인척 관계가 있다는 이유로 인연을 끊고 멀리하지 않는다면 큰 낭패를 당할 것이다. 폐족들끼리는 서로 연민하는 마음이 있어서 관계를 끊지 못하고 함께 무리를 형성하는 수가 많으니 마음에 새겨서 올바른 뜻을 잃지 말라.

집안의 노비가 전하는 무뢰배들의 행태가 털끝을 쭈뼛하게 만들 정도로 끔찍하다는 것이다. 인척 관계가 있다 해도 단호하게 절연할 것을 요구한다.

율곡 선생도 이야기했지만, 친구들끼리 어울려 다니면서 음주가무에 남의 험담이나 하고 게임이나 즐기고 풍류기인 체해서는 공부의 성과를 도저히 이룰 수 없다. 결연하게 끊어내지 않으면 언제나 비루함을 면하지 못할 것이다.

여기서 잠깐, 사람 가리는 법에 대해서 옛 현사의 방법을 되새겨보자.

공자의 제자 자하에게서 배운 이극이라는 사람이 있었다. 이 사람은 위나라의 왕을 섬기면서 큰 공을 세웠다. 위나라의 왕 문후는 재상감을 뽑을 때 이극에게 사람을 추천해달라고 했다. 그때 이극은 특정한 사람을 지목하지 않고 인물을 가려 뽑을 수 있는 5가지 방법을 말했다.

첫째, 그 사람이 평소에 어떤 사람과 친분이 있는지 알아야 한다. 둘째, 그 사람이 부유할 때 어떤 사람에게 베푸는지 살펴야 한다. 셋째, 그 사람이 높은 직위에 있을 때 어떤 사람을 등용했는지 알아야 한다. 넷째, 그 사람이 어려운 일을 겪을 때 무엇을 하지 않고 견디는지 살펴야 한다. 다섯째, 그 사람이 가난할 때 무엇을 얻으려고 하지 않았는지 보아야 한다.

'직위가 높고 부유할 때 어떻게 누리는가? 힘들고 어려울 때 어떻게 대처하는가?'를 위와 같은 기준을 참고해서 살피면 인물을 파악하는 데 큰 도움이 될 것이다.

사람을
직접 만나서 섬겨라

상사는 물론이고 가족이든 동료이든 자신의 마음과 몸을 다하여 직접 섬기는 것보다 더 인간관계를 좋게 만드는 것은 없다. 그렇게 섬기려면 자신의 지위나 재능을 믿고 교만해지는 마음을 경계하고, 낮은 자세로 겸허한 마음가짐을 가져야 한다. 내가 남을 섬겨야 나도 섬김을 받을 수 있다.

중국 전국 시대 초기 진나라는 여러 유력한 가문이 서로 패권을 다퉜다. 이때 지백智伯을 중심으로 한 지 씨 가문은 조양자趙襄子에게 멸족을 당했다. 잔혹한 조양자는 지백을 죽인 다음 지백의 해골에 옻칠을 해서 술잔으로 썼다고 한다.

예양豫讓은 자신을 국사國土로 대접했던 지백의 복수를 하기 위해 조양자를 죽이려고 마음먹었다. 하지만 조양자는 장대한 무사들의 호위를 받고 있어서 좀처럼 기회를 얻지 못했다. 이름을 바꾸고 몸에 옻칠을 해서 수염과 눈썹을 밀고 문둥이 행세를 했다. 뜨거운 숯을 삼켜 목소리까지 바꿔가면서 수차례 복수를 시도했지만 모두 실패하고 말았다. 조양자는 예양에게 왜 나를 이토록 집요하게 죽이려고 하는지 물었다.

"제가 범 씨와 중행 씨를 모셨을 때 그들은 나를 평범한 사람으로 대우했습니다. 그래서 나 역시 보통 사람으로 그들을 섬겼을 뿐입니다. 그러나 지백은 나를 국사로 대접했습니다. 그러니 나도 국사로 지백의 은혜를 갚으려는 것입니다. 선비는 자신을 알아주는 사람을 위해서 죽고, 여자는 자신을 좋아하는 사람을 위해서 화장을 하는 법입니다. 지백이 나를 알아주었으니 기필코 원수를 갚으려는 것뿐입니다."

인간관계는 상호적이다. 어찌 사람을 섬기지 않을 수 있겠는가. 물론 누군가를 이용할 목적으로 거짓으로 사람에게 잘 대하면 안 되겠지만, 자신이 바라는 대로 다른 사람에게 대하는 것은 자신의 삶을 인간적으로 살 수 있게 만드는 관계의 기본 태도다. 지위와 재력만 믿고 다른 사람을 하대하고서 대접받기를 바라는 사람은 모래로 밥을 짓는 것과 같다. 진심 어린 존중은 죽을 때까지 받지 못하고 벌거벗은 임금처럼 평생을 살아가게 되는 것이다.

《도덕경》에는 "가장 좋은 것은 물과 같다. 물은 누구와도 다투지 않고, 무엇인가를 억지로 하지 않는다. 뭇사람이 꺼리는 낮은 곳에 위치하면서 만물을 이롭게 한다." 지극한 선은 물과 같다는, '상선약수上善若水'

라는 말이 생긴 유래다. 누가 이런 사람을 싫어하겠는가.

이런 사람에게는 자연스럽게 사람들이 몰려들어 자신만의 든든한 울타리를 구축하게 될 것이다. 가족 간에 서로 섬기는 법을 기록한 다산의 글을 통해서도 이런 교훈을 절절하게 확인할 수 있다.

근래 사대부 집안의 부녀자들이 부엌에 들어가지 않은 지 오래라고 한다. 너희들은 시험 삼아 생각하라. 부엌에 들어가는 것이 무슨 손해냐? 잠시 연기를 쏘이는 것뿐이니 시어머니의 기쁜 마음을 얻어 효부가 되고, 법도 있는 집안의 모양도 세상에 알려지지 않겠느냐. 어찌 효성이 되고 지혜가 되지 않겠는가. 새벽이나 저녁에 따듯한지 살피고, 이불 밑 방바닥에서 찬 기운을 느끼면 노비를 불러서 시키지 말고 몸을 직접 움직여 따듯하게 해드려라. 그 노력이라고 해봐야 잠시 연기를 쏘이는 것뿐이지만, 어머니의 즐거움은 좋은 술을 드신 것과 같을 터이니 너희들은 어찌 이러한 일을 즐거워하지 않느냐?

노비들이 모자간이나 고부간에 들어와 사이를 갈라놓는 것은 대체로 자제와 며느리가 효도를 극진하게 하지 못하여 어머니와 시모가 한탄하는 마음을 품게 되기 때문이다.

그렇게 되면 비복들은 그 틈으로 들어와서 한 수저의 장과 한 수저의 달콤한 과일로 충성을 바치고 골육지간을 갈라놓게 된다. 이 허물은 노비를 탓할 일이 아니라 오로지 진심으로 경계해야 한다. 천 가지 방책과 백 가지 계책으로 어머니를 기쁘게 하라. 그렇게 해서 두 아들이 효자가 되고 두 며

느리가 효부가 된다면 나는 금릉金陵에서 이대로 늙는다 해도 유감이 없을 것이다. 오직 이 일을 성실하게 하라.

'골육'은 가족을 말한다. '금릉'은 다산의 유배지다. '집안일을 시중드는 비복들이 가족들 사이를 갈라놓는다'는 표현은 조금 과하다. 하지만 현실에서도 나와 가깝다고 생각했던 사람이 어느새 멀어지고 다른 사람과 더 가까워진 데는 십중팔구 스킨십과 관련이 있다. 조금 재미있는 비유를 들자면 군대에 있는 남자 친구와 편지를 주고받던 여성이 우편 배달부와 사랑에 빠졌다는 이야기가 있듯이 사람과 사람 사이는 스킨십이 중요하다.

'멀리 떨어져 지내는 가족이 가까운 이웃보다 못하다'는 말도 있다. 요즘은 정보 통신 기술이 발달하여 직접 만나기보다는 전화나 메일 같은 온라인 통신 수단을 이용해 교류하는 일이 잦다. 접속에 빠져서 접촉을 지나치게 소홀히 하는 폐단이 있는 것이다.

누구든 사람 간에 양호한 관계를 구축하고, 서로 애정을 유지하려면 다산이 말했듯이 작은 것을 나누더라도 몸을 일으켜 직접 접촉을 지속하는 것이 중요하다. 가족이든 외부 사람이든 낮은 자세로 직접 만나 사람을 섬긴다면, 자연스럽게 우군들을 형성할 것이다.

책을 중심으로
여러 인물과 교류하라

요즈음 인터넷, 팟 캐스트 같은 온라인을 중심으로 한 모임들을 보면 독서 모임이 많다. 돈과 시간을 기꺼이 투자하여, 함께 책을 읽고 독후감을 써서 나눠보기도 한다.

필자 역시 그런 모임에 참석해본 적이 있다. 대학생들은 물론이고 구직자들, 바쁜 직장인들 등 결코 여유가 있어서 나온 것이 아니라 그런 모임이 꼭 필요하다고 생각해서 자발적으로 투자하는 것이다.

그도 그럴 것이 요즘 입사 시험을 비롯하여 전반적인 사회 분위기가 인문학을 중시하는 흐름이다. 첨단 산업일수록 인문학적인 역량을 더욱 중시하기 때문이다. 그 독서 모임에서 석박사 등 학벌은 차치하고서라도 대체로 품위 있고 교양이 풍부하며 생각이 바른 사람들을 만날 수 있었다.

200년 전의 다산 역시 이 점을 강조했다. 독서를 통한 교분이 폐족이 된 집안을 일으켜줄 수 있을 것이라고 믿고 자제들에게 그런 활동을 강력히 요구했다.

폐족 중에 재주가 많고 걸출한 선비들이 많은 것은, 하늘이 폐족을 돕기 위하여 재주 있는 사람을 내린 것이 아니라 출셋길에 나서서 영달하려는 마음을 갖지 못하니 오직 독서와 궁리에만 힘써 학문의 골수와 진면목을 얻은 덕분이다. 평민으로서 공부를 하지 않은 자는 그저 부족한 사람이 될 뿐이지만, 폐족으로 공부를 하지 않는다면 반드시 세상과 어긋난 사람이 되어 가까이 할 수 없는 사람이 될 것이다. 세상이 버린 자가 되어 혼삿길이 막혀 천민들과 혼인하게 될 것이며, 세월이 흘러 물고기 입술이나 개의 이마를 가진 자녀가 나온다면 그 집안은 더 물어볼 것도 없이 끝나버리는 것이다.

만일 내가 몇 년 후에 집에 돌아간다면, 너희들에게 몸과 행동을 닦게 하고 효제를 숭상하는 바람을 일으켜 가정을 화목하게 만들 것이다. 경서와 사서를 연구하고 궁리하며, 시와 예를 담담하게 논할 것이다.

서재에는 3000~4000권의 책을 꽂아놓고, 곳간에는 1년을 지탱할 만한 양식을 쌓아놓을 것이다. 밭에는 뽕나무, 삼, 채소, 과일, 꽃, 약초들을 질서정연하게 심어 그늘을 즐길 것이다. 마루에 올라 방에 들어서면 거문고와 투호가 있으며, 붓과 벼루가 있는 탁상과 책상에는 볼 만한 책이 있다면 그 아취와 고결함이 기뻐할 만할 것이다.

때때로 손님들이 찾아오면 닭을 잡고 회를 썰어서 탁주와 좋은 나물로 배부르게 먹고 고금을 즐겁게 논할 수 있다면, 폐족이라 할지라도 앞으로 안목을 갖춘 사람들이 흠모할 것이니, 세월이 한 해 한 해 지날수록 집안이 중흥하지 않겠느냐. 너희들은 생각하고 또 생각하라. 이것을 어찌 하지 않을 수 있겠느냐?

먼저, 폐족의 운명이 된 것은 학문을 제대로 연구하라는 하늘의 명령으로 긍정적으로 받아들일 것을 강조하고 있다.

서가에 3000~4000권의 책을 꽂아놓고 문방사우를 구비하면서 청아한 분위기를 만들어 사람들과 어울릴 것을 강조한다. 세상의 시에 대해서 평할 수 있는 통찰력과 안목을 기르라고 한다. 그렇게 한다면 당장은 아니더라도 점차 주위의 인정을 받아 집안이 중흥할 것이니 깊이 생각해서 실천할 것을 간곡히 부탁하고 있다. 과거나 현대나 성공의 기반을 만드는 방식은 흡사하다는 생각이 든다.

지기지우를
만든다

건강하게 오래 사는 사람들의 가장 보편적 특징 중 하나가 '마음을 털어놓을 수 있는 친구가 있다'는 조사를 본 적이 있다. 장기적으로 힘든 공부를 할 때 가족이든 친구이든 자신의 속을 털어놓을 수 있고, 자신을 믿고 지지해줄 수 있는 사람이 곁에 있다면 큰 도움이 될 것이다.

우리는 학문을 통해서 성공을 이루려고 한다. 삶에서 성공한다는 것은 여러 기준이 있겠지만, 많은 선현이 지기지우한 사람만 있어도 성공한 인생이라고 했다. 따라서 지기지우는 성공으로 가는 수단이자 동시에 삶의 한 목표라고 할 수 있을 것이다. 그러한 지기지우가 함께 학문을 논할 수 있는 벗이라면 더할 나위 없다.

다산은 덕성이 훌륭해 벗이 많았지만, 그중에서도 백아와 종자기처럼 서로의 깊은 내면세계를 알아줬던 최고의 지기지우는 형 정약전이었다.

6월 6일은 우리 현명한 형님(정약전)께서 세상을 떠나신 날이다. 아, 어진 자의 막다른 운수가 이와 같을 수 있는가. 원통하여 가슴이 무너지는구나. 목석도 눈물을 흘리는데 무슨 말을 할 수 있는가. 외로운 천지간에 손암 선생만이 나를 알아주는 지기였는데, 선생을 떠나보냈으니 이제부터 깨닫는 것이 있어도 입을 열어 말 할 곳이 없구나.

나를 알아주는 사람이 없다면 차라리 죽는 것만 못하다. 처도 자식도 일가 친척도 모두 나를 모른다. 나를 알아주는 이는 이미 죽었으니 어찌 슬프지 아니하겠는가. 경서 문집 240책을 새롭게 만들어서 책상 위에 놓았으나 불살라야 할 것인가. 율정栗亭의 이별이 천고에 닿아 절절한 슬픔과 원통함이 감당하기 어렵구나.

그 같은 큰 덕과 큰 그릇과 깊은 학문과 정밀한 지식은 너희들이 모두 알지 못한다. 오직 그 거친 것만 보고 순박할 뿐이라고 평가하며, 흠모할 뜻을 조금도 갖지 않았다. 자제와 조카들이 이와 같으니 다른 이들은 어떻겠는가. 지극히 애통할 뿐이며 다른 것은 애통할 것도 없다.

'율정'은 오래된 정자의 이름이다. '고박'은 예스럽고 질박하여 화려하지 못함을 말하는 것이다. 조카나 자식들도 잘 모르는 자신의 학문을 정약전만은 제대로 알아주었기에 책을 모두 불살라버리고 싶은 심정이라고 애통해한다. 지기지우는 그만큼 소중한 것이다.

춘추 전국 시대 제나라 위왕이 위나라 혜왕과 사냥을 한 적이 있었다. 혜왕은 으스대면서 위왕에게 제나라에는 어떤 보물이 있느냐고 물었다. 위왕은 대답을 하지 못하고 머뭇거렸다. 그러자 혜왕은 눈빛을 반짝이며 자랑을 했다.

"우리나라에는 지름이 약 3센티미터나 되는 옥이 10개 있습니다."

그 말을 듣고 위왕이 답했다.

"우리나라의 보물은 위나라의 것과는 조금 다릅니다. 단자라는 인물에게 성을 지키게 하니 초나라가 우리를 침범하지 못했고, 혜자라는 인물에게 고당을 지키게 하니 조나라가 황하의 어장을 함부로 침노하지 못했으며, 검부라는 자에게 서주를 지키게 했더니 연나라와 조나라가 감히 우리나라를 엿보지 못하게 되었고, 종수라는 자에게 국가의 치안을 맡겼더니 길에 떨어진 물건도 그냥 주워가는 사람이 없었습니다."

보물은 기껏해야 반짝일 뿐이지만, 사람은 크게는 나라를 구하고 법도를 바르게 하며 작게는 평생의 동반자가 되어주니 보물과 비견할 것이 아니다. 좋은 사람 1명을 얻는 것이 일생을 든든하고 풍요롭게 만들어줄 수 있다.

장수는 자신을 알아주는 주군을 위해서 목숨을 바친다고 한다. 예술가나 학자도 마찬가지가 아닐까. 춘추 시대 초나라의 악사 백아伯牙는 종자기鍾子期가 죽고 나자 거문고를 칼로 끊어버렸다. 자신의 예술 세계와 학문을 알아주는 사람은 삶의 활력이자 살아가는 이유라고까지 할 수 있을 것이다.

올바름이
공손함이다

공손하게 사람들을 대하는 것은 단순하지만 않다. 바른말을 하다 자칫 오만하다는 평가를 받기도 하고, 비위를 맞추면 겸손하다는 칭찬을 받기도 한다. 세상일이 내 마음 같지 않겠지만, 근본적으로는 올바름을 지키는 것이 오히려 상대방에게 예의를 지키는 것임을 알아야 한다. 물론 여기에도 융통성이 있어야 하고 요령이 있어야 할 것이다. 바른말을 한다는 것을 기회삼아 건방진 태도를 보여서는 안 되는 것이다.

퇴계 선생이 판서 민기閔箕에게 답하는 편지에서 이렇게 말했다.

"나아가는 것이 옳다면 나아가라. 그 나아감을 공손하게 하라. 나아가지 않는 것이 옳다면 나아가지 말라. 그 나아가지 않음을 공손하게 하라. 옳음이 있는 곳은, 곧 공손함이 있는 곳이다."

《맹자》가 말한 '나만큼 군주를 공경하는 이가 없다'는 것과, '옳음이 있는 곳에 공손함이 있다'는 것은 같은 말이다. 이처럼 바른 군자는 때에 알맞게 행동한다. 매사를 저울질하듯 지극하게 헤아리면 옮기고 바꿀 수 없는 법이니 일생 깊이 생각하여 잊지 않도록 해야 한다.

선비와 군자가 벼슬길에 나아가 임금을 모실 때, 이 한마디 말을 가지고 죽는 날까지 몸에 지니는 부신(符信, 믿음의 징표)으로 삼지 않으면 아첨하고 악에 영합하는 일을 하는 데 이르지 못할 곳이 없을 것이다.

뭇사람들의 위에 서서 대중을 다스리는 것 역시 마땅히 옳고 옳지 않음을 천천히 살펴보아야 한다. 그에 앞서 겸손하게 쫓아갈 것인지 게으르게 절름거릴지, 좋아하는 일인지 싫어하는 일인지에 따라 공손함과 오만함을 함부로 결정하지 않는다면, 공평무사함을 얻는 데 어려움이 없을 것이다.

—《도산사숙록》

마음에 맞는 퇴계의 글을 스승 삼아 자신의 생각을 덧붙인 것이다. 여기서 '공평을 얻는 것'은 앞서 말한 저울의 비유를 통해 정밀한 균형을 얻는 것이며, 처신에서 중화의 바른 도를 얻는다는 것이다.

맹자는 아첨이 아니라 올바름으로 왕을 섬겼다. 위험을 무릅쓰고 왕과 나라를 위해서 올바름을 설파했다. 그래서 '나만큼 왕을 공경하는 이가 없다'고 한 것이다.

상사 입장에서 아랫사람을 볼 때 이 사람이 순종한다고 해서 공손하고, 내 뜻에 저항한다고 해서 오만한 것이라고 쉽게 단정 지어서는 안 된다. 그 말이 뜻하는 바의 옳고 그름을 따져야 하는 것이다.

자신이 윗사람이든 아랫사람이든 사람을 대할 때 항상 이 올바름으로써 공손함을 지켜야 한다는 것이다. 이것은 판단을 할 때 천하에는 시비와 이익, 2가지 원칙이 있는데 옳고 그름이 항상 우선되어야 한다는 것과도 같은 맥락이다.

공손함은 무작정 상대방의 비위를 맞추는 것이 아니다. 어쩌면 자신의 이익을 위해서 상대방을 기만하는 것일지도 모른다. 단기적으로 잠깐은 그런 왜곡된 공손함이 상대방과 그 자리를 즐겁게 할지 모르겠으나 오래가지 못한다. 올바름이 곧 상대방에게 더 큰 이익을 가져다주는 것이니 올바름이 곧 지극한 공손함이라고 할 수 있다.

정약용 인성론 6

내 안에
네가 있다

다산은 인을 사람과 사람의 관계에서 찾으려 했다. 따라서 인은 나와 너의 관계에서 이루어지는 행위의 표준이다. 그러나 여기서 인을 구체적으로 어떻게 실천하느냐 하는 행위의 척도가 문제될 수 있다. 물론 다산은 인을 향인지애嚮人之愛로서 내가 다른 사람에게 향하는 사랑이라 했다. 그러나 그러한 사랑은 구체적으로 어떠한 것이며, 그것을 실천하는 마음의 기준은 무엇인가. 다산은 단적으로 서(恕, 헤아려 베풀다)란 인仁의 실천 방법이라고 하였다. 그렇다면 서란 어떤 것인가. 다산은 서에 대하여 주자의 설을 반박하면서 서에 대해 구체적으로 해석을 더했다.

서에는 2종류가 있다. 하나는 추서推恕요, 다른 하나는 용서다. 옛 책에는 추서만 있지 용서는 없다. 주자가 말한 것은 용서다. 《중용》에서 '내게 베풀기를 원하지 않거든 남에게도 베풀지 말라' 하였으니 이는 추서다.

자공이 말하기를 "내가 남에게서 당하기 싫은 일은 나도 남에게 하고 싶지 않다"고 하였으니 이는 추서다.

공자는 "내가 당하기 싫은 일을 남에게도 하지 말라" 하였으니 이도 추서다. 추서란 스스로를 가다듬는 이유가 되는 것이다. 그러므로 맹자는 "힘써 충서의 도를 실천하면, 인이란 코앞에 있는 것"이라 하였으니 사람과 사람이 교제할 때는 오직 추서만이 요긴한 방법이 된다는 것을 이른 말이다.

—《대학공의大學公議》

이렇게 다산은 용서와 추서를 나누면서 공자의 참된 서는 추서인 것을 주자가 용서라고 해석함은 잘못이라고 지적한다.

추서와 용서는 비록 서로 가까운 것 같으나 둘의 차이는 천 리다. 추서는 스스로 가다듬는 것을 위주로 하는 까닭에 자기의 선을 실행하는 것이다. 용서는 남을 다스리는 것을 위주로 하는 까닭에 남의 잘못에 관대한 것이다. 이들이 어찌 같은 것이라고 할 수 있겠는가.

—《대학공의》

이렇게 추서와 용서를 명백히 구분하고 있다. 추서는 내가 행위하는 데 그 실천의 표준이 되는 동기다. 그러나 용서는 내가 남의 행위를 포용하는 것을 말하므로 나의 행위의 결정에는 하등 영향이 있는 것이 아니다. 따라서 '내가 인을 실천하는 데 어떻게 할 것인가'라는 방법을 제시하지 못하는 것이다.

다산은 인을 실천하는 방법에는 여러 가지가 있다고 생각했으나 보편적인 도덕 원리로서 서를 제시한 것은 종래의 성리학에 대한 근본 유학으로의 환원임은 두말할 것도 없다. 다산이 보고 있는 효제자의 윤리도 이러한 서의 척도에 의하여 판단되는 것이다.

'서恕'란 무엇인가. 아들이 받지 않기를 원하면 아비에게 베풀지 말고, 아비가 받지 않기를 원하면 아들에게 베풀지 말고, 아우가 받지 않기를 원하면 형에게 베풀지 말고, 형이 받지 않기를 원하면 아우에게 베풀지 말고, 신하가 받지 않기를 원하면 군왕에게 베풀지 말고, 군왕이 받지 않기를 원하면 신하에게 베풀지 말고, 어린아이가 받지 않기를 원하면 어른에게 베풀지 말고, 어른이 받지 않기를 원하면 어린아이에게 베풀지 말아야 한다. 대체로 사람과 사람이 서로 더불어 교제할 때는 모두 이 도道를 썼으니 이것이 타인의 마음을 헤아리고 재는 도道다.

—《대학강의》

이처럼 다산은 서를 통해 우리 행위의 기준을 재려고 했다. 서란 결코 인은 아니다. 그러나 인이 어떤 것인가를 판단하는 도덕 판단의 원리인 것이다. 우리 행위의 법칙은 어디에 있는가. 다산의 윤리관을 서양 윤리학에서 말하는 고전 윤리학의 목적주의 윤리 이론이나 법칙주의 윤리 이론 중의 택일적인 방법으로 어느 하나에 획일적으로 포섭할 수는 없다.

목적주의 윤리 이론이 인생의 목적이 있다는 전제하에서 그 목적에 맞는 행위를 선이라 하고 맞지 않는 행위를 악이라 할 때, 다산은 인생의 궁극적 목적은 곧 사람이 사람됨이요, 그것은 자기 분수를 알아 극진히 하는 것이요, 그것은 다름이 아니라 사람을 향하는 사랑이었다.

그러나 사람을 향하는 사랑에는 여러 가지가 있다. 어떻게 사람을 향하는 사랑이 사랑인지 아닌지 아느냐와 우리에게는 그 사랑의 척도가 어떠한 것이냐 하는 새로운 의문이 제기되는 것이다. 이때 다산에게는 오히려 구체적인 행위의 도덕 법칙은 네가 너를 특정화하여 생각하고, 그것이 타당하면 행위를 하라고 하는 원리가 이루어지는 것이다.

이것은 어떻게 보면 소극적인 것 같기도 하다. 즉 내가 당하기 싫은 일은 남에게 행하지 말라는 것은 어디까지나 나를 중심으로 타인을 미루어보라는 도덕 원리인 것이다. 여기에 숨겨져 있는 것은 나와 남은 동일한 성품을 가지고 있다는 믿음이다.

그렇기에 행위의 주체자로서 '나란 과연 모든 타인의 척도가 될 수 있는가' 하는 질문이 있을 수 있다. 그러나 다산은 여기에서 인간성에 대한 믿음, 또 보통 사람이면 누구나 선량한 입장에서 본질적으로 선한 본성을 내재하고 있다는 인간 긍정의 입장을 취하고 있는 것이다.

내가 하기 싫은 일을 기준으로 행위의 가부와 선악 시비가 결정된다고 보았을 때, 이는 어떤 행위를 행하고, 행하지 않는 소극성을 면하기 어렵다. 그러면 나의 희생을 전제로 하는 적극적 행위의 기준은 어떠한 것인가. 즉 내가 싫은 것은 내가 하지 않으면 그만이지만 내가 하고 싶은 일은 어떠한 것일까? 다산은 내가 하고 싶은 일을 남에게 먼저 미루어주라는 말을 하고 있다.

《논어고금주》에서 "힘들고 고생스러운 일은 내가 먼저 하고, 이익이 있는 일은 다른 사람이 하고 난 후에 하는 것이 곧 서"라고 지적하였다. 즉 서란 모든 행위의 선악 판단의 기준이 됨이 분명하다.

따라서 이러한 것은 오히려 보편적 행위의 법칙으로 법칙주의 윤리 이론에 가깝다. 이러한 행위의 척도로서의 법칙은 시대나 장소에 의하여 변하지 않는 절대적인 것이다. 물론 이 법칙을 인간이 만든 것은 아니다. 이미 이 법칙이 인간에 내재된 보편 법칙으로 주어져 있는 것이다. 따라서 보편 법칙으로서의 행위 원리는 경험에 의하여 또는 각자의 주관에 의하여 변화하는 것이 아니다. 자기를 극진히 하는 곳에서 이미 나타나 있는 것이다.

결국 내 안에 상대방을 대하는 보편 법칙인 사랑의 규범인 서가 내재하고 있는 것이며, 관계에 있어서 자신을 극진히 하는 행위를 통해서 우리는 확인할 수 있다.

훔쳐갈 수 없는 최고의 보물

다산 선생의 글을 현대의 공부법과 연결한 《다산의 공부》를 내고 보니 가장 현실적인 철학을 가진 다산 선생의 철학과 현대의 공부가 잘 어울린다는 생각이 든다. 내용을 제대로 읽은 분들은 알겠지만 혹시나 몇몇 독자분이 세속적으로만 이해하지는 않을까 하는 노파심에 마지막으로 이 글을 덧붙이고자 한다.

다산은 〈두 아들에게 전하는 가계家戒〉에서 이런 이야기를 전한다.

어느 날, 해 저물 녘 숲속을 거닐다가 우연히 어린아이를 보았다. 그런데 아이가 갑자기 실신하듯 큰소리로 울어대고 참새가 뛰어다니듯 하기를 송곳이 배에 찔리고, 몽둥이로 가슴을 얻어맞은 듯하였다. 그 모습이 참혹하고 절망적이어서 금방 죽을 사람 같았다. 그래서 그 아이를 찾아가 까닭을 물었더니 그 아이가 말하기를, 나무 아래서 밤 한 알을 주어서 소중히 간직하고 있었는데 어떤 사내가 나타나 빼앗아 갔다는 것이다.

천하에 이 어린아이처럼 울지 않을 사람이 몇이나 되겠는가. 관직을 잃고, 세력을 잃고, 재물을 잃고, 손해를 보고, 돈을 잃고, 사랑하는 아들을 잃고 애통해하다가 죽음에 이르게 된 사람들을 자세히 관찰하면 저 한 알의 밤톨을 빼앗긴 아이와 같은 것이다.

다산 선생은 형체가 있는 것은 파괴하기 쉽지만 형체가 없는 것은 없애기 어렵다고 했다. 이 형체가 없는 것이 독서를 통해서 공부하는 것이며, 누가 빼앗아갈 수 없는 것이다. 재물은 붙잡으려고 하면 더욱 미꾸라지처럼 빠져나가는 것이지만 공부는 불에 타버릴 걱정도, 지고 갈 걱정도 없다. 온갖 재화의 원천이며 학문이 깊으면 천년 동안 꽃다운 명성을 전할 수 있다고 했으니 훔쳐갈 수 없는 최고의 보물이 아니겠는가.

비록 이 글이 출세와 부귀를 출발로 이야기했지만, 공부라는 근본 목적을 위해 몸에 좋은 쓴 약을 먹게 하기 위해 겉으로 단맛을 싼 당의 같은 것이기도 하다. 물론 출세와 부귀는 중요하다. 출세와 부귀를 쫓기보다는 공부를 하면 그것은 전리품처럼 자연스럽게 따라오는 것이다. 인격 수양과 행복이라는 인간의 근본 목적에도 가까워지는 것이니 어찌 공부를 게을리할 수 있겠는가.

세속적 이익을 위해서나 그것을 넘어선 도道를 위해서나 공부는 반드시 필요한 것이다. 신분제 사회여서 공부를 통한 출셋길이 막혔거나 관료가 되는 것만이 유일한 목적이던 과거보다 현대 지식 산업 사회를 사는 우리에게 공부는 더욱 중요하다. 공부를 최고의 자산으로 삼고 평생 공부하는 자세로 살아야 경쟁력도 있고 풍요로운 삶을 살 수 있을 것이다. 이 책이 먼 공부의 길에 나선 독자 여러분께 약간이나마 도움이 되었길 바란다.

다산 선생 연보

1762년(영조 38년, 1세)

6월 16일(음력) 오전 10시경, 경기도 광주군 초부면 마현리(현재 경기도 남양주시 조안면 능내리)에서 부친 정재원丁載遠, 모친 해남 윤 씨 부인 사이에서 4남 1녀 중 4남으로 태어 났다. 아명은 귀농歸農, 관명은 약용, 자는 미용美庸, 송보이다. 호는 삼미자, 다산茶山, 사 암俟菴, 열초 등이 있다. 당호는 여유당與猶堂, 사의재가 있다. 천주교 세례명은 요한이다.

1763년(영조 39년, 2세)

천연두를 앓았다.

1765년(영조 41년, 4세)

《천자문》을 배우기 시작했다.

1767년(영조 43년, 6세)

부친이 연천 현감으로 부임 받아 부친을 따라 연천으로 갔다. 아버지로부터 가학家學을

했다.

1768년(영조 44년, 7세)

서당에 나가 글을 배우고, 오언시를 지었다.

부친은 "작은 산이 큰 산을 가리니 멀고 가까움이 다르기 때문이네"라는 시 구절을 보

고, '분수에 밝으니 이 아이는 앞으로 자라서 역법과 산수에 능할 것'이라고 칭찬하였다.

천연두를 앓아 눈썹이 세 갈래로 갈라졌다. 이것을 보고 스스로 삼미자三眉子라는 호를

지었다.

1770년(영조 46년, 9세)

부친이 관직에서 물러났다. 부친으로부터 경서와 사서를 수학했다. 이때 다산이 경서와

사서를 공부하며 쓴 글이 자신의 키만큼 쌓였다고 한다.

《삼미자집三眉子集》이라는 시집을 짓기도 했다.

어머니 해남 윤 씨가 별세(당시 43세)하였다.

1774년(영조 50년, 13세)

두보의 시를 모방하여 수백 수의 시를 지었다.

서모 김 씨가 시집을 왔다.

1776년(영조 52년, 15세)

2월, 풍산 홍 씨 홍화보의 딸과 혼인했다. 장인은 무과 출신으로 승지를 지냈다. 부친이 호조좌랑이 되어 부친을 따라 상경하였다.

3월, 영조가 승하하고 왕세손이 즉위했다.

1777년(정조 1년, 16세)

성호 이익의 남긴 글들을 많이 읽었다. 특히《성호사설》을 읽은 것이 실학자의 길로 접어드는 계기가 되었다.

가을, 부친이 전라도 화순 현감으로 부임하여 아버지를 따라 이사를 갔다. 이때 청주와 전주 등지를 유람하면서 시를 지었다.

1778년(정조 2년, 17세)

화순 동림사에서《동림사독서기東林寺讀書記》를 지었다.

가을, 전라도 동복현 물염정과 광주 서석산 등을 유람했다. 물염정에서는《유물염정기遊勿染亭記》를 지었고, 광주 서석산을 유람하고는《유서석산기遊瑞石山記》를 지었다.

1779년(정조 3년, 18세)

부친의 명으로 서울에 돌아와서 중형 정약전과 과거 시험공부를 했다.

겨울, 성균관에서 시행하는 승보시에 합격했다. 천진암 주어사에서 강학회를 열었다. 이벽이 찾아와 밤새 경전에 대한 토론을 했다.

1780년(정조 4년, 19세)

부친이 경상도 예천 군수가 되어 함께 갔다. 촉석루를 유람했고 귀신이 나온다는 반학
정에서 주위의 만류에도 불구하고 혼자 글을 읽었다. 정약용의 장인 홍화보는 경상우도
병마절도사로 진주에 있었다. 부친이 어사의 모함을 받아 관직에서 물러나게 되었다.

1781년(정조 5년, 20세)

서울에서 과거 공부를 했다.

첫딸을 낳았으나 닷새 만에 죽었다.

1782년(정조 6년, 21세)

서울 창동에 집을 사서 살았다.

가을, 봉은사에서 경의과문經義科文을 익히며 과거 시험공부를 했다.

1783년(정조 7년, 22세)

초시와 회시에 연이어 합격했다.

정조와 다산이 선정전에서 처음 대면하였는데, 정조가 다산의 나이를 물었다.

성균관에 입학했다.

회현방의 재산루로 이사했다.

9월, 맏아들 학연學淵이 태어났다.

1784년(정조 8년, 23세)

여름, 정조가 태학생에게 내린 《중용》에 관한 70가지 질문에 대한 답안으로 〈중용강의〉

를 바쳐서 정조의 칭찬을 받았다.

4월, 고향에서 큰 형수의 제사를 지내고 큰형의 처남인 이벽李檗과 한강을 따라 서울로 돌아오는 배 안에서 이벽이 천주교 교리를 설명하는 것을 듣고 크게 감화를 받았다.

서울에서 이벽을 찾아가《천주실의天主實義》,《칠극七極》(칠극대전의 약칭) 등 천주교 교리서를 빌려보면서 천주교에 몰입하게 되었다. 이승훈李承薰은 베이징에서 세례를 받고 봄에 조선으로 돌아왔다.

1785년(정조 9년, 24세)

2월과 4월, 성균관 유생들이 치르는 반제半製에서 정조로부터 종이와 붓을 상으로 받았다.

12월, 정조가 춘당대와 성정각에 나와 부賦를 짓게 했는데, 수석으로 뽑혀《대전통편大典通編》1질을 포상으로 받았다.

1786년(정조 10년, 25세)

2월, 별시의 초시에 합격했다.

7월, 차남 학유學遊가 태어났다.

8월, 다시 성균관 유생들이 치르는 도기라는 시험의 초시에 합격했다.

1787년(정조 11년, 26세)

반제에 여러 차례 급제하여 정조의 총애를 한 몸에 받았고《당송팔자백선唐宋八字百選》,《국조보감國朝寶鑑》,《병학통兵學通》등을 상으로 받았다.

1788년(정조 12년, 27세)

1월과 3월, 반제에 합격했다.

1789년(정조 13년, 28세)

1월, 반시泮試에 표문表文으로 수석했다.

3월, 전시殿試에 나가 대과 갑과 2위로 급제했다. 공부만을 주로 하는 규장각 초계문신

으로 발탁되었다.

12월, 3남 구장이 태어났으나 3일 만에 죽었다. 장헌세자(사도세자)의 묘를 수원으로 이

장했다.

1790년(정조 14년, 29세)

2월, 예문관 검열藝文館檢閱에 임명되었다.

3월, 노론의 반대에 부딪쳐 해미현에 10일 동안 유배를 가서 잠시 몸을 피했다.

5월, 예문관 검열에 재임명되었다.

9월, 사간원 정언에 이어 사헌부 지평司憲府持平에 제수되었다.

1791년(정조 15년, 30세)

5월, 사간원 정언司諫院正言에 제수되었다.

겨울,《시경강의詩經講義》를 올려서 크게 칭찬을 받았다. 천주교도인 윤지충과 권상연

이 조상의 신주를 불태우는 '진산사건'이 발생하여, 노론이 다산을 천주교도라고 몰아

세우며 압박했다. 나라에서 천주교 금지령이 내리자 다산 역시 천주교를 멀리하기 시

작했다.

1792년(정조 16년, 31세)

3월, 홍문관 수찬弘文館修撰에 제수되었다.

4월, 부친이 세상을 떠났다. 상중이었지만 어명으로 수원성을 설계하였다.

1794년(정조 18년, 33세)

4월, 삼년상을 마쳤다.

7월, 성균관 직강에 제수되었다.

10월, 정조의 은밀한 명을 받아 경기 암행어사京畿暗行御로 나가서 백성의 참혹한 현실을 목도하고 돌아왔다.

1795년(정조 19년, 34세)

동부승지同副承旨에 제수되었다.

7월, 중국인 신부 주문모(周文謨, 1752~1801.5.31)가 선교를 하다 발각되었다. 다산을 처벌하라는 노론의 비난이 거세게 일어났다.

1796년(정조 20년, 35세)

병조 참지兵曹參知에 제수되고, 잇달아 우부승지右副承旨를 거쳐 좌부승지左副承旨로 승진하였다.

1797년(정조 21년, 36세)

좌부승지를 사퇴하며 천주교와 연관된 누명을 벗으려고 했다.

윤 6월, 정조는 반대파들의 공격을 완화시키기 위하여 다산을 황해도 곡산부사谷山府使

에 제수했다.

겨울, 《마과회통》(12권)을 완성했다.

1798년(정조 22년, 37세)

4월, 왕명으로 《사기찬주史記纂註》를 지어서 올렸다.

1799년(정조 23년, 38세)

4월, 병조 참지에 제수되었다.

12월, 넷째 농장農牂이 태어났다.

1800년(정조 24년, 39세)

노론의 비난이 격심해져서 다산은 귀향했다가 왕명으로 다시 돌아왔다.

6월, 정조가 갑자기 승하하고 순조(당시 11세)가 즉위했다. 고향으로 돌아가 당호를 '늘 조심한다'는 뜻의 여유당이라고 붙였다.

1801년(순조 1년, 40세)

10월, 황사영 백서사건이 일어났다. 셋째 형 정약종이 천주교 문서를 옮기다 발각되었다. 정약종은 처형당했고, 정약용은 경상도 장기로 유배를 떠났다.

1802년(순조 2년, 41세)

강진 성동 방면 주막의 골방에서 지냈다. 넷째 아들 농장이 어린 나이(당시 4세)에 죽었다. 맏아들 학연이 다산을 돌봤다.

1803년(순조 3년, 42세)

김 대비의 석방 명령이 있었으나 서용보의 반대로 좌절되었다. 《단궁잠오檀弓箴誤》등을

지었다.

1804년(순조 4년, 43세)

아동용 한자 교과서 《아학편훈의兒學編訓義》를 지었다.

1805년(순조 5년, 44세)

맏아들 학연이 찾아와 《주역》과 《예기》를 배웠다.

봄, 백련사에서 혜장선사를 만나 문답을 나누었다.

1806년(순조 6년, 45세)

읍내에 있는 문인 이청의 집으로 옮겼다.

1807년(순조 7년, 46세)

5월, 맏손자 대림이 출생했다. 예론을 분석한 《상례사전喪禮四箋》을 지었다.

1808년(순조 8년, 47세)

봄, 외가의 도움으로 거처를 강진에서 남쪽으로 많이 떨어진 초당으로 옮겼다. 정원을

꾸미고 '다산초당'이라 이름 지었다. 둘째 아들 학유가 찾아왔다.

1809년(순조 9년, 48세)

〈상복상喪服商 편〉을 저술했다.

1810년(순조 10년, 49세)

맏아들 학연이 임금의 행차에 나아가 호소하여 한때 석방 명령이 내려졌으나 홍명주와

이기경의 방해로 좌절되었다.

1811년(순조 11년, 50세)

《아방강역고我邦疆域考》를 짓고, 《상례사전喪禮四箋》(50권)을 완성했다.

1812년(순조 12년, 51세)

《민보의民堡議》와 《춘추고징春秋考徵》을 저술하였다.

1813년(순조 13년, 52세)

《논어》에 주석을 단 《논어고금주》(40권)를 완성했다.

1814년(순조 14년, 53세)

4월, 의금부에서 석방하려 했으나 강준흠의 상소로 무산되었다.

1815년(순조 15년, 54세)

《심경밀험心經密驗》과 《소학지언小學枝言》을 지었다.

1816년(순조 16년, 55세)

6월, 둘째 형 정약전이 유배지인 흑산도에서 영면했다. 이에 다산은 '손암 선생 묘지명'

을 지었다.

1817년(순조 17년, 56세)

《상의절요喪儀節要》를 짓고, 《경세유표經世遺表》의 편찬에 착수했다.

《방례초본邦禮草本》을 짓기 시작했으나 완성하지 못하고 나중에 《경세유표》(49권)로 개

명하였다.

1818년(순조 18년, 57세)

봄, 《목민심서牧民心書》(48권)를 완성하였다.

여름, 《국조전례고國朝典禮考》를 저술했다.

8월, 이태순의 상소로 18년간의 긴 유배에서 풀려나 고향으로 돌아왔다.

1819년(순조 19년, 58세)

조정에서 정약용을 다시 등용하여 토지 측량을 맡기려고 했으나 서용보의 반대로 무

산되었다. 《흠흠신서欽欽新書》(30권)를 완성하고 《아언각비雅言覺非》(3권)를 지었다.

1820년(순조 20년, 59세)

배를 타고 북한강과 춘천에 있는 청평산 등을 유람했다.

1821년(순조 21년, 60세)

9월, 맏형 정약현이 죽었다.《역학서언易學緖言》등을 저술했다.

1822년(순조 22년, 61세)

회갑을 맞아 자서전 격에 해당하는 〈자찬묘지명自撰墓誌銘〉을 지었다.

1830년(순조 30년, 69세)

세자의 치료를 위해 정약용은 입궐하여 세자를 진찰하였으나 미처 약을 올리기도 전
에 승하하였다.

1834년(순조 34년, 73세)

11월, 다시 순조의 병세가 위급하여 급하게 상경하였으나 홍인문에 들어섰을 때 승하하
였다는 소식을 듣고 고향으로 발걸음을 돌렸다.《매씨서평梅氏書平》을 다시 지었다.

1836년(헌종 2년, 75세)

2월 22일, 진시(오전 7~9시)에 마재의 고향집 여유당에서 세상을 떠났다. 이날은 공교롭
게도 부인 풍산 홍 씨와 결혼한 지 60주년이 되는 회혼일이어서 친척들과 문하생들이
모두 모인 날이었다.

4월 1일, 여유당 뒤에 있는 고향의 뒷동산인 지금의 경기도 남양주시 와부면 능내리 언
덕에 안장되었다.